3年不辞职

毕业3年决定你的一生

李 阳◎著

北京理工大学出版社
BEIJING INSTITUTE OF TECHNOLOGY PRESS

图书在版编目（CIP）数据

3 年不辞职：毕业 3 年决定你的一生/李阳著. —北京：北京理工大学出版社，2011.5

ISBN 978 - 7 - 5640 - 4333 - 9

Ⅰ.①3… Ⅱ.①李… Ⅲ.①职业选择 - 通俗读物　Ⅳ.①C913.2 - 49

中国版本图书馆 CIP 数据核字（2011）第 036245 号

出版发行／北京理工大学出版社

社　　址／北京市海淀区中关村南大街 5 号

邮　　编／100081

电　　话／（010）68914775（办公室）68944990（批销中心）68911084（读者服务部）

网　　址／http://www.bitpress.com.cn

经　　销／全国各地新华书店

排　　版／北京精彩世纪印刷科技有限公司

印　　刷／保定市中画美凯印刷有限公司

开　　本／710 毫米×1000 毫米　1/16

印　　张／13.5

字　　数／161 千字

版　　次／2011 年 5 月第 1 版　2011 年 5 月第 1 次印刷　　　　责任校对／周瑞红

定　　价／26.00 元　　　　　　　　　　　　　　　　　　　　责任印制／边心超

图书出现印装质量问题，本社负责调换

前言

　　有这么一个寓言故事：一只鸽子老是不断地搬家。一次，斑鸠看见了，问："你不是刚搬来几个月吗？"

　　鸽子说："我每次新窝住了没多久，就有一种浓烈的怪味，让我喘不上气来，不得已只好一直搬家。"

　　斑鸠说："你搬了这么多次家根本没有用啊，因为那种让你困扰的怪味并不是从窝里面发出来的，而是你自己身上的味道啊。"

　　如今，一份工作做满3年，对于很多职场人来说，是一个巨大的挑战。热衷于频繁跳槽的年轻人，正如这只不断搬家的鸽子，不去从自身找原因，在能力有限或者社会化还不充分的情况下，盲目地跳来跳去，就像鸽子在搬家一样，越来越困惑。

　　究其原因，大多数人安排职业的时候要么跟着生活的惯性，要么遵循社会的热点，在最初工作的时候对职业规划没有任何概念，没有对自己职业兴趣、职业能力、职业生涯规划进行深入剖析和设计，仅仅凭着既有的认知体系和传统的就业模式，以一种随波逐流的方式在职场中漂。在跳槽疲惫之后才开始重视自己职业发展的问题，这时候发现曾经浪费的沉没成本如此惊人，而未来却越发茫然。

　　从职业角度看，一个人一生中难免要调换几份工作，但是跳槽必须在具备跳槽资格的前提下才有意义。专家指出，大学毕业后第一个3年中出

现的跳槽经历根本不能为自己加分，即使被录用也只能当新手培训，公司不可能信任地把工作交给他；而毕业后干满3~5年以后再跳槽，才能被列为初步有经验的人员，可以作为熟手录用。因为，一般来说，在一个岗位干上3年，才能很好地掌握本岗位所需的关键能力，包括知识和经验的积累、技能的提高，才能熟悉本行业及本企业的业务流程。在一个企业工作3年以上，才能对企业的经营管理及战略、企业文化等有较深入的了解。在此基础上工作起来才会游刃有余，人的潜能才会最大限度地释放出来，才可能有更多的晋升机会。

成熟的职场人都应该有这样的信念：没有百分百令你满意的公司，也没有会糟糕到让你待不下去的公司。当你纠结于"实在待不下去"的时候，如果你有潜伏的决心，你所呈现的状态就会完全不一样，就没有人会让你遭遇"被辞职"。当你彷徨于"这家公司不适合我"的时候，要想到如果待在一家公司足够长的时间，任何公司都会对你职业生涯产生正面的影响，帮助你实现职业化，帮助你成长，最终帮助你实现职业目标。

对企业来说，3年，象征着你通过了稳定度与抗压性的考验。因此，作为职场新人，要有耐心经过这样一个过程：一年学习，两年适应，三年有所贡献。毕竟，一份工作是否做到了3年，是你在职场创造个人价值的门槛，与其在新职位、低收入的领域内原地踏步式地位移来位移去，不如索性留守一处，积累经验、知识、能力，韬光养晦到足够强大。

目录

每个人在职场中生存，不可避免地要涉及前途问题。在企业里我们可

以通过职位的升迁来了解一个人的前途发展情况。年轻人跳槽的一个主因就是："现在的公司让我看不到前途，做下去实在没有意思。"真的如此吗？事实未必。每个人都必须从低层次的岗位做起，随着你的能力和贡献递增，公司自然会做出相应的调整；有时候可能与能力无关，纯粹是信任度问题，即便你再有能力，任何公司也不会立马就让你接触核心业务……应该用一种什么样的眼光和态度来看待这个问题呢？

Lesson 3　逃避不是办法：不要被人际潜规则吓退

跳槽的一大主因就是人际关系："现在的公司人际关系太复杂了，明争暗斗太多了，我觉得自己适应不了。"有一句俗话叫做：天下乌鸦一般黑。现在的公司在你的眼中是阴暗的，下一个公司亦如此。职场就像江湖，理所当然充满纷争。大家为了一个共同的目标——利益走到了一起，自然会因为利益而冲突。人际关系说复杂就复杂，说简单就简单，关键在于你自己。你没有必要卷入是非中，你也没有必要逃避，你所要做的是适应。

Lesson 4　潇洒的代价：你在误会公司要 fire 你吗？ ······ 93

"与其坐等公司 fire 我，不如我先炒了公司！"潇洒归潇洒，但我们也不得不承认，很多时候，正是因为多想和猜忌形成的傲慢与偏见，导致冲动辞职失去大好前程的悲剧。当你的"公司要开我"第六感来的时候，你要问自己一个问题：我干得好好的，公司怎么会辞掉我呢？这是不是公司在考验我呢？

Lesson 5　"不职业"是硬伤：你在坑自己吗？ ······ 121

作为职场新人，经常会好心犯错误，这种良性出发点遭遇"不公平"

结果的挫败感，也是年轻人"待不下去"的一个主要原因。你有没有想过，问题出在你身上呢？你怀才不遇，你积极热情，你原则性十足，你经验丰富，你感性率真……你是如此的"正常"，如此的完美，但是有时候正因为这些优点，断送了你的职业前程。

Lesson 6 定性修炼：远离跳槽这种传染病 ………………… 149

每个人都会遭遇职业上的心理断乳期，总会有自觉干不下去的时候；当身边的"跳跳族"用跳槽换来涨薪的时候，定力不强的人就会受到影响。这个时候，要唤起理性，让自己那颗浮躁的"驿动的心"渐渐平息下来。

Lesson 7 原地跳高：遇见心想事成的自己 173

人往高处走，没有错。但也不必通过改变平台的高度来实现，完全可以通过同一个平台原地跳高来实现。不是简单的找份工作或换个环境，就一定"高"了，很多人跳来跳去，转了一圈，终点又回到了原点。通过一个平台让自己在各个层面都有所拔高，这才是工作的意义。

Lesson 1

三年不过岗：
"撑下去" 的意义

在流行跳槽的今天，一份工作做满 3 年，已经成为上班族的"职场天险"。很多年轻人都习惯于把跳槽作为提高个人价值的途径。实际上，频频跳槽未必就真的如愿。专家指出，一份工作至少做 3 年，这是非常重要的，因为它是工作者在职场创造个人价值的门槛。

工作第一年是"瞎子摸象"；第二年才能上手；第三年后，才有机会在工作中创造价值，让用人单位看到你的晋升资本。

对大企业来说，3 年也象征着你通过稳定度与抗压性的考验。除了经历外，大企业最重视过去工作的稳定性，因为从企业的角度，前一两年都是新人训练与适应期的投资，之后才可能真正带给公司回馈。

熟悉一个行业，在某个领域做出一些成就，这必须付出时间成本，很多人总是因为各种各样的借口和诱惑"撑不下去"，根本上是缺乏明确的工作目标。

一、每一块跳板都晃晃悠悠

俗话说得好："人往高处走，水往低处流。"跳槽在今天已经变得越来越频繁。国内高等教育领域调查机构的调查显示，在 2010 届大学毕业生中，便有近四成的人在工作半年内离职，其中近九成属于主动离职的"跳蚤族"。

A 小姐是一个典型的"跳跳族"。毕业 3 年来，她跳槽达 16 次之多，有私企、国企和外企，时间短的只有 6 天，待得最长的一家是 8 个月。毕业后在家人托关系帮助下，进了一家国企单位，A 小姐觉得稳定而单调的生活不适合自己，于是决定闯一闯；当辞职后到一家私企工作的时候，她嫌公司太小，忙的时候累死人，闲的时候要看老板的脸色；经熟人介绍，从私企跳槽到了外资公司，发现那里的规矩多得离谱，节奏快得令自己喘不过气来，大压力之下终日战战兢兢，自然干了没多久……在稀里糊涂中 A 小姐不断重复着求职——辞职——再求职的恶性循环，她先后进入过广告、服装、培训、厨具、期货、化妆、眼镜、物流、保险、企业管理、房产中介等跨度很大的行业，而从事过的职位也不尽相同，有外贸跟单、销售、前台、行政、培训专员、招聘专员、部门助理。

一份工作干满 3 年，对于今日的年轻人来说，似乎已是"职场天险"。"上半年换工作、下半年撑着领年终奖，领完年终奖立马闪人"，这是很多职场新鲜人的就业实态。

跳槽时髦，却又是一把双刃剑。过于频繁地更换单位或者工作，并不

利于职业的发展。跳槽往往意味着新的开始，你可能又有了一张好去尽力描绘的白纸，但同时你过去尽力描绘的东西也有可能被一笔勾销，要重新开始再一个创业的过程。对用人单位而言，大学毕业生频繁进出，不仅增加了培养成本，而且可能打乱整体的人力资源规划及工作计划。盲目跳槽的最大受害者是跳槽者本人，长此以往职业生涯难以获得突破性发展。

就拿 A 小姐来说，每次跳槽，学到的除了一些浅显的工作经历外，很少能够提炼出高价值的工作经验；朋友认识了很多，但深交的却没有几个；工作换了一沓，薪金原地踏步，有时甚至越跳越低；每次辞职后都免不了心情郁闷，自己越来越害怕求职，甚至想永远逃开职场，不想面对新环境。最重要的是，很多大公司因为她的频繁跳槽和职业空白期而婉拒了她。

管理学上有一个著名的蝴蝶效应，最早由气象学家洛伦兹于 1963 年提出：一只南美洲亚马逊河流域热带雨林中的蝴蝶，偶尔扇动几下翅膀，两周后可能在美国德克萨斯引起一场龙卷风。其原因在于：蝴蝶翅膀的运动，导致其身边的空气系统发生变化，并引起微弱气流的产生，而微弱气流的产生又会引起它四周空气或其他系统产生相应的变化，由此引起连锁反应，最终导致其他系统的极大变化。

在职场也是如此，凡走过必留下痕迹，过往的就业表现，将会影响到未来的职业生涯。招聘人员看履历表时最关心的是现在的工作，在他们看来，现在的工作是过去职业生涯的产物。前一份工作、学历以及之前的所有经历共同造就了现在的工作。因此，之前的职场经历以及学历等因素会直接影响到目前的职业生涯。

中国有句俗语叫做：滚石不生苔。换工作太过频繁的人，往往得不偿失。因为工作能力的培养，需要经过一个相对长的时间才能真正掌握。很多频繁跳槽的人都有这样一个共性：最初的时候不知道自己应该在哪个领域开始自己的职业生涯，稀里糊涂地跳来跳去，公司换了一家又一家，回过头来才发现，只是积累了不同行业、不同职能方向不成功的丰富经验。事实上，越是学历高、个人能力强的人越容易产生这样的问题。各种各样"蜻蜓点水"式的工作经验并没有给自己带来沉甸甸的收获，反而造成了自己缺乏专长、缺乏核心竞争力的局面。最关键的是他们永远都难以结束低薪长跑，白白浪费了上天赋予他们的才智。

对于什么都会一点，但什么都不精通、不专业的"万金油"员工，企业并不欢迎。有一位企业主就这样明确对招聘中介讲："跳来跳去的人我们一概拒绝。要熟悉某个行业，至少需要3年的时间，那种还没有看清楚就贸然下结论说自己不适合这份工作的人，其实是对自己不负责任，我们当然不会聘用。"

其实，猎头公司评估一个人的职场生涯的时候会非常注重其跳槽的频率，如果在企业待够3年以上，猎头公司才会认为这个人的韧性是好的，是能够承受压力，能够持续不断的被企业推荐的。

关于频繁跳槽的问题，《纽约时报》曾经开过一个专栏，刊登了专家们的忠告。对于"可以经常跳槽吗？最多跳几次槽才能不给企业留下整天跳槽印象？"的问题，专家是这样回答的："重要的不是跳槽多少次，而是为什么要选择跳槽。为了单纯的升职机会和高收入或者为了增加自己的阅历而跳槽都是不明智的。一年以下的工作经历会降低企业对你的信任，也可能让别人怀疑你能否适应公司，或你是一个注意力和韧性不足的人。如果是你所处的行业比较适合自己，那么在一个单位工作到一段时间，有助于积累你的实战经验。"

对于职场新人而言，参加工作的时间不长、经验不足、能力不高，在这种情况下频频跳槽，是欠妥的，很容易顾此失彼。初涉职场就要养成良好的职业习惯，若刚开始工作就总是"3分钟热度"，形成定势的话，不利于职场进步。对于初入职场者来说，最重要的事情就是做好眼前的工作，打好基础，多学习知识和积累经验。否则，对你来说，每一块跳板都晃晃

悠悠，跳槽只会变成"跳糟"。

"三百六十行，行行出状元"绝非一句空话，通常在人才市场上令自己成为"卖方市场"、在雇主面前有"定价权"的人，都至少在自己的行业打拼了8年，而成功的企业家创业更是注重厚积薄发。

HR专家指出，大学毕业后第一个3年中出现的跳槽经历根本不能为自己加分，即使被录用也只能当新手培训；毕业后干满3~5年以后再跳槽，才能被列为初步有经验的人员，可以作为熟手录用，在一线独当一面；毕业后干8~9年的工作可为你加分不少，跳槽后一般经历6个月的考察期就可以升为主管。

稍作留意，我们不难发现，频繁离职者往往一直在基层徘徊，拥有的只是"伪自由"，反而具备一定年资的成熟型人才拥有更大的选择权。因为，大多数企业倚重的往往是资深的内部员工。所以，不要因为不满意现在的单位就轻率地决定跳槽，如果认为自己的工作适合自己，并且有意义，那么应挑战自己的忍耐力。

HR智谏：

从职业角度看，一个人一生中难免要调换几份工作，但做出转换前，必须考虑到这种转换对整个职业生涯的影响，不可盲目地跳槽。在工作中，跳槽的次数越少越好！频繁地跳槽对一个人的发展很不利，每到一个新公司，都意味着要从一个新的起点开始做起，面临新的工作环境和人际关系，最后要达到在原来公司的地位就需要相当长的时间和努力。

二、职业目标的"阶段性偏离"

　　工作不快乐是很多人不停跳槽的一大动因。在工作一段时间后，很容易对现有职业产生厌烦心理。在这样的心理状态下，多数人只想草草换一份工作，以解决目前的困扰。可是，借助跳槽来换取工作快乐的人，最终会发现：在跳槽中越跳越迷茫，越跳越杂乱无章，越来越不快乐。因为，跳到最后竟然迷失了方向，连自己要找什么样的工作，能做什么样的工作都不知道了，如何能够快乐得起来？

　　B是一所名牌大学毕业的高才生，在大学学的是新闻专业。2000 年大学毕业之后被分配到一家商业银行工作，但很快她就厌倦了严谨重复的工作模式，加之这份工作和自己的专业完全不对口，要是一直干下去的话，自己的大学四年就白读了。于是她放弃了这份稳定的工作，进了一家报社。由于报社刚刚成立，人少活多，而且管理混乱，很快她就熬不住而跳到了一家小杂志社。然而就像染上了一种习惯性的疾病一样，在接下来的两年里她一口气换了 4 家杂志社，但每次都待不久，不是杂志社倒闭了，就是自己厌倦了。如今已经 30 岁出头，她还在各家广告公司之间飘移着。

　　当跳槽成了一种惯性，就会变成职业生涯发展中的一个致命杀手。总是跳来跳去的你有没有想过：你究竟为什么不快乐？其实，一个人不快乐的根源，只有一个：那就是因为不知道自己究竟要什么。当一个人不知道要什么，就不知道去追求什么，而不知道追求什么，就会什么也得不到。

　　一只大船在海上航行，突然碰到一块小木板。大船问小木板："伙计

去哪儿？"小木板犹豫了半天说："我也不知道，我刚从印度洋漂到大西洋这儿来的，不知道去哪儿。"小木板反问大船说："那你想去哪儿？"大船非常肯定地回答道："去美国纽约。"小木板想了很久，说："事实上，我想去南非的好望角。"

大学生们走出校门、走向工作岗位时最痛苦的事情莫过于毫无方向感，自己该干什么都不知道。

心理学上有一个著名的"半途效应"，是说在激励过程达到半途时，由于心理因素及环境因素的交互作用，导致目标终止。大量的事实表明，人的目标行为的终止期多发生在"半途"附近，在人的目标行为过程的中点附近是一个极其敏感和极其脆弱的活跃区域。导致半途效应的主要原因有两个：一是目标选择的合理性，目标选择得越不合理越容易出现半途效应；二是个人的意志力，意志力越弱的人越容易出现半途效应。

这就解释了为什么很多人在就业之初拥有明确而强烈的职业目标，而在中途的时候越来越偏移、越来越模糊。

一个人在开启职业生涯的时候，最先要问自己一个问题就是，我究竟想要什么？很多人总是忽略这个问题，唯一的想法只是：我想要一份工作，我想要一份体面的工作，我想要一份不错的薪水……越是焦急，越是觉得自己需要一份工作，越饥不择食，越想不清楚，越容易失败，你的经历越来越差，下一份工作的招聘者看着你的简历就皱眉头。

人力资源专家按照动机类型将跳槽分为两种：主动型跳槽和被动型跳槽。

所谓主动型跳槽，通常是有明确的目标的，这类人一般比较优秀，而且比较有自己的主见，他们自信、有能力，往往会借助自己所从事的领域里良好的人脉、丰富的资源，找到发展机会更好的工作，从而实现自我价值，获得更高的回报。

所谓被动型跳槽，就是缺乏明确的动机与定位，只是出于对眼前工作的不满，具体包括对人际关系（包括上、下级关系）、工作内容、工作岗位、工作待遇、工作环境或工作条件、发展机会等方面的不满意。对他们来说，跳槽只是换一个工作环境而已。

职业经营成功与否首先是取决于目标系统——你的职业理想是什么，最终要实现什么样的事业目标？其次取决于价值系统——在从业过程中面对诱惑与挫折你将如何选择，你认为什么是有价值的、怎样做才有价值？最后才取决于能力系统——有没有能力实现自己的职业构想？

从职业角度看，一个人一生中难免要调换几份工作，但做出转换前，必须考虑到这种转换是在整个人生规划范围内做出的调整，而不是盲目地跳槽。

跳槽应该以职业目标为中心，为职业目标服务。这家公司能否提升你的职业含金量，才是你最需要考虑的。现有工作状态的满意程度和是否跳槽并没有必然联系。你对现有工作不满意，跳槽未必能解决问题；你对现有工作满意，也一样可以考虑跳槽。记住，跳槽的最大意义在于达成职业目标。

大多数职场人职业发展中最可怕的就是禁不住外面的诱惑，只看到短期利益，忘了自己的职业取向。在职业理想和现实状况的天平发生严重偏移时，本能地选择了后者。如果把它放到一生的职业天平来看，你就会发现不但不利于职业的发展，而且和职业取向是完全相偏的或者是相违背的。到头来，在外面无奈地走了一圈后，还是回到了起点。

跳槽并不是目的，而是我们接近个人职业目标的方法之一。当你跳槽的时候，首先必须了解，自己想要的究竟是什么，应该怎么去追求自己想得到的目标，这一次跳槽是不是一块通向幸福未来很好的跳板。没有明确目的就跳来跳去，并在同一平面上的重复变动，不能从深度上提升职场含金量，从而导致你在今后的职业生涯中停滞不前。

HR智谏：

　　跳槽不应只是对高薪或高一级职位的追逐，而是对职业生涯的进一步追求。在换工作之前，要确定你跳槽的动机是什么和自己是不是需要跳槽。每换一次新的工作，都能让自己更接近心中成功的目标，这才是真正有意义的跳槽。

三、忠诚，畅行职场的通行证

除了能力遭受质疑之外，频繁跳槽者的信用也遭到用人单位的质疑。很多用人单位在看到履历表上密密麻麻的工作经历时，他们在考虑这个人有没有能力之前，注意力完全被"什么原因让他频频地离开服务过的公司"这个问题所吸引。几个月、一年半载的经历，在人事主管眼中根本都算不上"工作经验"，这些眼花缭乱的经历，只代表这位员工缺乏适应能力，不忠诚，不懂得感恩。

在一家公司做到3年不辞职，至少可以在自己的职业生涯增加这样一个品质保证：忠诚度高的员工。

一项市场调查结果显示：关于上班族30岁之前跳槽次数，42%的企业认为换过"6~7份"工作是"忠诚度不够"的表现，而不愿录用；26%的企业就不愿录用换过"3~5份"工作的员工。

任何一家企业，都不喜欢那些频频跳槽的人。跳槽太多，给人的第一印象就是对企业的忠诚度不高。假如你是一位人力资源主管，接到这样两份简历：同样是有5年工作经验的人，第一个人5年换了5家公司，第二个人5年就换了一家公司。你将会怎么看待呢？相信一般人都认为，前者要么过于浮躁，适应能力差，要么就是自身工作能力不高；而后者能把一份工作做这么久，至少是爱岗敬业，把工作做得很透彻，对企业的忠诚度不错。仅凭第一印象，前者就失去了面试资格。可见，在一个企业待上足够长的时间以示忠诚，是多么重要的事情。

世界500强企业选人、用人、留人的重要标准之一正是忠诚。索尼公司的用人标准中有这样一句话："如果想进入公司，请拿出你的忠诚来！"比尔·盖茨这样说过："这个社会并不缺乏有能力有智慧的人，缺的是既有能力又忠诚的人。相对而言，员工的忠诚对于企业来说更重要，因为智慧和能力并不代表一个人的品质，对企业来说，忠诚比智慧更有价值。"

有这样一条职业理论：如果结果是一个函数的话，能力就是决定幅度的参数，而忠诚则是决定方向的参数。一个人的能力越高，如若缺乏忠诚，其创造的结果就越背离企业的目标。这就如同一个人跑步，如果他的方向与终点相反，那么他的速度越快，最终的结果就越背离终点。

因此，许多公司老板宁要一个才能一般，但是忠诚度高、可以信赖的员工，也不愿意接受一个极富才华和能力，却总是因为计较利益得失而军心不稳的人。每一个职场新人要树立这样的意识：无论你的能力多么优秀，无论你的智慧多么超群，没有忠诚，就没有人会放心地把最重要的事情交给你去做，没有人会让你成为公司的核心力量。

在任何企业里，都存在一个无形的同心圆，圆心是老板，圆心周围是忠诚于企业、忠诚于老板、忠诚于职业的人。离老板越近的人，是忠诚度越高的人，而不一定是职位越高的人。很多高层管理者天天和老板打交道，却未必得到老板的信任，可能就和忠诚度不够有关。很显然，越靠近同心圆圆心的人，越可能获得稳定的职业和稳定的回报。

有一个公司老板聘用了E做自己的司机，E只领取属于自己的那一份酬金。而可贵的是，E并不满足于此，还经常为老板寄发一些信件，处理一些手头上的问题。这样一来，他也了解了一些公司的业务。

渐渐地，如果老板有事情脱不开身时，就让E代为处理。E还在晚饭后回到办公室继续工作，不计报酬地干一些并非自己分内的工作，而且在超越自己的工作范围内也力求做得更好。

有一天，公司负责行政的经理因故辞职，老板自然而然地想到了E。

在没有得到这个职位之前已经身在其位了，这正是他获得这个职位最重要的原因。只有忠诚于公司，才能得到老板的长久重用。

一个人的忠诚也许会让你失去一些眼前的机会，但从长远来看，今后赢得的机会会比失去的多得多。除此之外，你还能赢得别人的尊重和敬佩。

任何一个公司的老板都希望他的员工是忠诚的，只会重用那些对公司忠诚的人，而把那些对公司毫无责任心的人拒之门外，无论他们多么有才华。

有着牛津大学法学博士和哈佛大学工商管理博士双学位的 F，他先是在一家计算机公司担任市场总监，工作不到半年，竟向竞争对手出卖了市场开发机密。拿到出卖机密的款项他跳槽到一家制药企业担任策划总监。3 个月不到，他听说另一家制药企业待遇更好，便以自己掌握有更多的新药开发资料为诱饵，让那家企业聘用了他。新东家看重的是新药开发资料，而不是他这个不忠诚的双料博士，资料到手后，新东家辞退了他，并将他列入永不聘用的"黑名单"中。

F 在 2001—2005 年 5 年多的时间里，先后在 21 家企业工作，也先后背叛并出卖了这 21 家企业，给这些企业以沉重打击。但到头来，他发现自己最受打击，因为他被社会贴上了"不忠诚"的标签，被行业内多家企业列入了黑名单，永不录用。

当你动不动就跳槽的时候，要提醒自己：忠诚是老板的需要，是公司的需要，更是你自己的需要。因为，没有一个企业会对不忠"惯犯"委以重任的。

HR智谏：

在越来越激烈的竞争中，人才之间的较量，已经从单纯能力对比伸延到了品德方面的对比。在所有的品德中，忠诚越来越得到组织的重视。

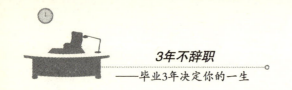
四、大多数公司的高位很排外

你可以通过跳槽轻易地找到一份工作，但是未必就能"跳高"。稍作留意，我们不难发现，频繁离职者往往一直在基层徘徊，拥有的只是"伪自由"，反而具备一定年资的成熟型人才拥有更大的选择权，因为，大多数企业倚重的往往是资深的内部员工。

理论上讲，根据"金字塔原理"，即越靠上的位置越少，相对而言晋升机会就越小，在一个公司范围内机会自然就更少。的确有不少人因为跳槽而在数年之内变得地位显赫，而原来同在一处起步的同事却进步甚微。这成就了"卧槽不如跳槽"的传言，促使许多年轻人动不动就萌生跳槽的念头。事实上，在一个就职很久的公司难以跳上高位，在另外一个公司就更难实现。跳槽或许容易改变"薪情"，但是凭空爬高很难。

G先生就是一个典型的例子：他花了两年多的时间在一家公司从底层做到了销售经理，而且他的业绩一直遥遥领先，但他几次眼睁睁地看着能力比自己逊色的同事得到了提升，自己的头衔却迟迟加不上个"总"字。出于不甘心，他跳槽到了其他的公司，但是他很沮丧地发现，在新的公司虽然走上了管理高位，却总是待不长。

要知道，大部分公司在选拔人才的时候，都遵循这些规则：先内部择优，而后考虑外部聘用。《从优秀到卓越》一书，在总结了从优秀到卓越的公司的经验之后，也得出了同一结论："从公司之外请来被奉若神明的名人做领导，往往对公司从优秀到卓越的跨越过程起消极作用。在11家实现跨越的公司中，有10家的首席执行官是从公司内部提拔的，而对照公司向外部求援的次数是实现跨越公司的6倍还多。"

日本企业在人力资源配置上，具有封闭性、保守性和排他性的特点，大多采取"有限入口"和内部提拔的制度。当企业有新的工作需要或岗位空缺时，会尽可能通过内部调节来弥补，弥补不了的就直接从学校招聘。招聘来的人员进入企业后，必须从基础工作岗位干起，通过有计划、有目的、有组织的培训与培养，在逐步了解企业、认可企业、完善自身、创造效益的基础上，求得个人职业的发展。这种长期稳定的就业政策，使员工的培训以及政策的制定都有一个长期的计划，这有利于提高员工的素质，而且劳资关系的全面合作也增强了员工的安全感和归属感，提高了员工对企业的忠诚度。

中国那些知名企业，在人才的选拔上，也都以内部提拔为主。像海尔的主要管理人员都是通过内部选拔来获得，90%以上的管理层都是跟随企业奋斗多年的老员工。海尔信奉的是"人人是人才"的理念，坚持"赛马不相马"的做法，形成了有利于优秀人才脱颖而出的人才选拔环境。而另一个领袖企业联想也坚持内部选拔人才，从柳传志开始就定下了这样的管理基调：建班子、定战略、带队伍。用自己人为主的传统保证了当同行频频发生人事地震时，联想的中高层团队安然无恙。

大企业如此，小企业就更如此了。试想，对一个不足50人的小公司来说，老板基本上对每位员工都了如指掌，谁最有可能成为领导人他了然于胸，在这种情况下，为什么要冒风险去找外来的人呢？

研究表明，一般情况下，那些业绩表现不佳、所处境况不确定，或者处于快速变化行业的公司，更愿意从外部引入人才。但是，这样的公司往往对于外来人员很"势利"，要求立竿见影的效果。空降到这样的公司，很难待久。来自国外的一份调查显示，约40%的外来经理在新岗位的头18

个月会失败。而国内的情况更惨，中央电视台某档节目的调查数据显示，国内企业招聘空降兵的阵亡率高达90%以上！有人总结说，空降兵存活一年内是危险期，存活6个月是正常现象，存活3个月是基本规律。

"外来的和尚好念经"，这句话放在职场，绝对不是那么回事。很多人跳高到另外一个企业，往往很难站稳。为啥跳到高位就待不长呢？站在企业的角度来看，外部人员或许具有新的工作所需要的硬技能，却大都不会拥有在本企业工作需要的软知识和软技能。而内部提拔的员工，经过几年的企业内各种部门或岗位的磨炼，一般都会具有新岗位所需要的软知识和软技能，通过有意识地培养与培训或实践，大部分人也会具备新的工作岗位所要求的硬技能，即使不具备硬技能，组织培训也比招聘外人来得快捷、省钱、省力。

很多有实力的人跳到一个心仪的公司后，发现压力非常大，坐上所谓的高位，马上就得干出点成绩，因为他们心里很清楚，不出成绩，肯定做不长。问题是，当他们终于做出了成绩后，大麻烦又来了，原公司的管理层会感受到威胁，开始千方百计找毛病，排挤他和他的团队。这样的现象在中国太正常不过了。正如一位人力专家所总结的那样，很多外聘精英到了新企业就好比麦当劳汉堡中间的那片鸡肉，啥时候被挤出去了，啥时候就到头了。

面对企业高位多排外、好不容易进去待不久的现实，那些一心指望通过跳槽来实现高职梦的人，必须在辞职的关头，问问自己：我真的准备好了吗？如果你对自己的业务能力很自信，相信在哪里都是一条龙，那么，你必须做好应对复杂人际的心理准备。如果你对自己的实力不自信，或者根本没有在高位待过的经验，全凭赌博的心态，那最好不要尝试。

换工作不如换思维。事实上，近八成职场人士都是通过"多年媳妇熬成婆"的方式获得内部晋升。从长远看，卧槽原地跳高，是一条捷径。在职场，原地不动的人太多了。相比不断跳来跳去跳上高位，在同一家公司

"多年媳妇熬成婆"，要快而稳。

HR智谏：

企业高层花在制定用人决策的时间，比花在其他任何事情上要多得多。没有任何决策比用人决策的影响更深远、风险更大，所以任何一家企业都不会冒然引进一个"高人"。面对企业提拔人才"先内后外"的现实，最理性的做法就是针对"先内后外"寻高职。

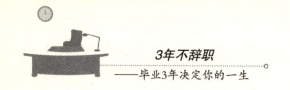

五、自己是个半吊子，哪来的贵人？

每一个职场人都应当认识到：一个人无论有多大本领，都不能靠一己之力成就一番事业。人是群居动物，人的成功只能来自于他所处的人群及所在的社会。一个人要在事业上获得转机，除了本身的努力之外，还需要借助他人的帮助。没有一个人的事业成功是偶然的，机遇从来都不是天上掉下来的馅饼，而是主动经营人脉的结果。

好莱坞流行一句话："一个人能否成功，不在于你知道什么（what you know），而在于你认识谁（whom you know）。"所谓机遇，实质上就是遇到贵人相助。很多人职场转运就是幸运地获得了他人的较高评价，从而得以担当更重要的职责。斯坦福大学做过一项调查，结果显示，职场收入，80%以上来自人际关系，不到20%来自专业。无独有偶，根据美国人力资源管理协会与《华尔街日报》共同针对人力资源主管与求职者所进行的一项调查显示，95%的人力资源主管或求职者通过人脉关系找到了适合的人才或工作，而且61%的人力资源主管及78%的求职者认为，这是最有效的方式。如今，人脉对于职场人士的重要性不言自喻。

"到更广阔的天地，去认识更多的人，积攒下人脉。"这也是很多职场新鲜人的一大辞职借口。

固然，不停地跳槽，认识的人数量自然越来越多，人脉存折相应越攒越多……根据概率原理，认识的人越多，才越有可能从中碰到"有用的人"。这样的逻辑看似合理，实际上呢？

很多跳槽达人都有这样的感慨：MSN/手机卡上积攒了一堆号码，平时也互动来互动去，每逢佳节短信漫天飞，但真正称之为朋友的或者对自己事业有帮助的人却寥寥无几。人到用时方恨少，遇到职业道路上的关键"关节"，在厚厚的通信录里，竟然找不出能帮上忙的人士……这种看似膨胀实则空虚的人际被人力资源专家称作"人脉泡沫"。从职业的角度来说，私人"交情"，与有效人脉，在本质上是两回事。

仅仅和别人"认识"、有交情，不一定构成人脉资源。人际关系是花，人脉资源是果。从与人认识到成为一种资源，还是有相当的距离的。认识人多，不代表拥有的人脉资源就多。构成人脉，彼此首先要有信任感，而后还得有价值感。

小王和小李原来是同事，小王干了不到一年就跳槽了，5 年内换了 7 份工作，而且公司都比原来的大多了，期间认识不下 100 人。小李本来是要和小王一起离开的，但是在辞职的时候，上司老张挽留了他。老张和小李比较投缘，合作一直很有默契，所以虽然工资没有涨多少，但是有了老张的表态，小李觉得有了被认可感，就留下了。一干就是 5 年，工资涨的幅度也不是很大，与小王跳槽的最低"索价"都差一截。

5 年后，小王跳得累了，想和人一起干一番事业，结果琢磨来琢磨去，长长的名单上，谁都搭得上话，但又谁也没有到可以合作的程度。倒是从来没有创业想法的小李，死心塌地地跟着老张干了 5 年，业务能力和熟识度都让老张放心，老张在跳槽的时候捎上了小李，后来单干的时候，小李更是成为了合伙人。

小王因为跳槽认识的人可谓是小李的数十倍，但是小李就在原公司那个小池塘里认识了大鱼，小王却落得职场一身孤单，正所谓"阅人无数，不如跟着有用人士走路"。

自然，按照概率论的原则，肯定是"人脉基数"大了，碰见"贵人"的可能性就更大。但是，盲目地通过换工作来增加"基数"，无疑是一种

缺乏效率的人脉经营方式。认识的人越多，就难免会厚此薄彼，反而不利于建立深层关系。

经营人脉，绝不是简单地与尽可能多的人"拉上关系"，某一天碰上一个"大人物"，从而一下子平步青云。经营人脉，需要花时间去维持，它是一项长期工程。

在职场，任何有价值的职场人脉，都不是"临时抱佛脚"得来的。"拓展人脉"不应该与某种"短期目的"结合起来，而应该与提升自己工作能力和未来职业生涯结合起来。只有这样，才能真正建立有用的人脉，并通过人脉给自己创造更多机遇。如果对人脉抱着"短视"的态度，功利心太强，就会使自己变得越来越不受欢迎，路越走越窄。

人脉之所以重要，原因在于，一切事业都离不开人与人之间的相互合作。而人与人之所以能相互合作，在于良好的沟通、诚信的态度以及互相之间"货真价实"的互利互惠。这一切，都不是短期的投机钻营所能实现的。

红顶商人胡雪岩曾经道出经营人脉的真谛："自己是个半吊子，哪里来的朋友？"经营人脉的实质，与其说是你去认识人，不如说是让别人认识到你的价值。

你希望别人对你有用，你就必须对别人也有用。现代社会，人们在相互交往的过程中，彼此都希望从对方身上得到一点实际的利益。你期望从贵人身上得到一点帮助，你的贵人未尝不如此？不管你多么的希望结识对方，多么的想得到对方的帮助，假如你没有什么"价值"，或者价值不为别人所知，对方怎么会愿意认识你呢？

如果你不停地换工作，在每一家公司都待不长，哪里有时间去和别人深交？别人又哪里有时间看到你的价值呢？因此，如果想结识到对自己事业有帮助的贵人，就不要盲目花太多时间在"认识"工作上。在一个单位，一方面要尽可能增长自己的本事，提高可利用的价值；另一方面多主动与人深入交流，建立信任关系。人脉最大的特点，就是收获在无意之间。你无法判定谁会成为对自己事业有帮助的人，那就让对方来找你。

HR智谏：

> 人脉的经营，与"做事"绝不能分开。一个没有某方面业绩的人，不可能凭空结交众多"能帮上忙的朋友"。所谓经营人脉，与做好自己的工作、事业，其实就是一回事。

六、个人品牌是可持续发展的保证

一个私营公司的老板到警察局报案："有个家伙冒充我公司的高级合伙人，在当地赚了一千万！这比我真正的合伙人赚到的钱还要多很多。你们一定要帮我找到他！"

公安人员信誓旦旦地说："您放心，我们一定会抓住他，并把他关进监狱！"

私营公司老板："不！不能关起来，我要聘用他！"

这个小故事告诉我们，用人单位最看重的不是你的学历、知识，而是你创造价值的能力。如今，人才的过分自由流动，给用人单位提供了更多可以选择的机会。当市场上供选择的人力"产品"供过于求的时候，谁都愿意掏合理的钱，买有价值的货。用人单位都希望通过比较、筛选来招聘到对他们最有价值的人才。

很多人在谋划跳槽，但是又有多少人考量过自己跳槽的资本。跳槽是需要资本的，换句话说就是，你拿什么去跳槽？丰富的工作经历？骄人的战绩？丰富的客户资源？超牛的人脉？如果你一点也不具备，你又拿什么去打动对方呢？对方为什么要给你机会？所以在你考虑要跳槽的时候，一定要先掂量一下自己的分量，看看自己的实际情况。企业总是希望被猎聘过来的人才，能够马上投入到工作当中，快速地为公司带来价值，起到立竿见影的效果。个人的生存只能依赖于自我价值的提高。如果你自觉实力不够，唯一的方法就是留下来，提升你的价值。

跳槽就是一次撑杆跳高,当弹跳力和爆发力最好的时候,才能跳出职场最漂亮的弧线。

H大学毕业后在一家知名的大公司做助理。做到第2年时有不少公司来聘请他,而且薪水开得很高,非常诱人。但是,他都拒绝了。当时很多人表示不理解,这么好的机会,过了这个村就没有那个店啦!等到工作的第5年,H突然辞职了。大家又表示不理解,眼看就要发年终奖了,怎么选择在这个时机辞职?原来王辉接受了另一家公司的聘请,做了总经理,年收入翻了一番,达到100万元之多。

H这样对自己的朋友说:"第2年,我觉得还没有领会原先那家公司的精髓,只知道老板在业内很有声望,有那么两下子。但这两下子的背后是什么,我还没有弄明白,也没有琢磨透。5年下来,我学到了扎实的业务本事,同时也学到了老板的处世哲学,我觉得自己各方面的实力都具备了,而在原公司也已经面临着职业天花板,所以可以考虑挑战新的职位了。随后的一年下来,我在新公司表现得非常出色,公司的业绩也有了很大的提升。"

H的做法是明智的。在职业价值没有本质提高的情况下,你的职场价格只能局限于某个水平。因为,人才具有自己的市场价值。每个人在人才市场上会有一个企业比较认可的价值,不同的公司所给的价钱肯定会围绕着这个价值波动,而且这个波动的幅度一般而言不会有太大的差别,尤其是放在相对长的一个时间里来考量更是如此。当你努力提高自己的业务能力和水平,自己的职业技能水平有了本质上的提高时就会发现:有很多既稳定待遇又高的职位在供你选择。

毕竟工作的前两年是储备期和熟悉期,第3年后才可能谈到事业的腾飞。踏实的工作对自己工作能力的积累很重要。有了一定的基础之后,选择的余地才会多,才会更好,更适合自己。

如今,个人工作年限一般要比企业寿命长。不想以后被叫做"大垃

坂"或"靠窗族"，就要培养个人品牌，有了个人品牌的人才一定是市场中的稀缺人才，只能是工作找你，而不用你去找工作。

什么是"大垃圾"或"靠窗族"呢？这两个酷词源于日本漫画，"大垃圾"指的是过时的或出了故障不能再用的电视机、洗衣机等处理起来很令人头疼的垃圾；所谓"靠窗族"，指的是虽然上班，但是没什么事情可做，成天守着空桌子的中层小领导，因为他们的办公桌一般会被摆在不妨碍别人工作的窗户边上。

每个职场人，都会遭遇职业危机，为了避免成为无用之士，我们必须提早积累与充实自己，培养个人品牌。品牌已经成为决定个人身价的核心因素。

品牌在当今社会中非常重要。为什么你要喝百事可乐而不是非常可乐？为什么你要穿耐克而不是匹克？为什么老板提拔了跟你一起到公司的他，对经常加班到半夜的你却视而不见？因为，被选择的不仅仅是一款饮料、服饰或者某个抽象的 ID，还包括一点一滴建立起来的品牌内涵。对于你来说，选择百事可乐和耐克代表你认同青春的、积极的生活方式；对于老板来说，选择其他同事代表投资获得稳定回报的可能。

品牌专家汤姆·彼特斯曾提出了"Brand You"（塑造你的个人品牌）理论。他指出，每位职场人士都是一名 CEO，任职的公司叫做"Me"，职业生涯中最大的任务，是把公司唯一的品牌"You"，打造成职场的领先品牌。你需要的是对自己的充分认识和一份清晰的品牌推广方案。盖乐普对员工说，每位职场人士都要清楚自己的优势所在，不断强化自己的优势，才能成为职场里一个响当当的"名牌"。

品牌是一个人所拥有的核心竞争力的结晶。简单地说，个人的品牌是由你的专业技能和职业认可度，也即实力＋口碑。要想有很好的个人品牌：第一，你要有很好的能力，没有能力做基础，你将来是做不了事情的，也就没有了个人品牌的基础；第二，要有良好的做人口碑，如果没有口碑，那你的业绩有可能不真实或者不确定或者不稳定，也不可能得到传播，个人品牌的形成是一个慢慢培养和积累的过程，他不是自封的，而是被大家所公认的。

打造个人的核心竞争力并非一日之功。一开始会感觉自己非常渺小和微弱，在确定目标后要通过长期不懈的积累才能实现。作为职场新人，不要觉得个人品牌是扯淡的事情。当你遭遇职业逆境的时候，也不要抱怨个人品牌太弱，因为品牌成长只是时间问题。在自己喜欢的领域中积累核心竞争力，而且其市场前景也不错的话，可以说你已经在打造自己的品牌。

当你建立了个人品牌的时候，就会发现金钱不是"苦"出来的，也不是"挣"出来的，而是"吸"过来的。在这个时候，自己变成了一块磁石，金钱就像一些细碎的小铁屑洒满一地，你把它们"吸"了过来。

一旦建立了个人品牌，就说明你的做事态度和工作能力是有保证的，也一定会为企业创造较大的价值。猎头公司在挖人的时候，也往往是喜欢挖那些真正优秀的人、在业界个人品牌比较好的人，因为这些人也更容易得到更高的薪金、更好的职位、更大的平台。无论是成就还是个人回报都依赖于个人品牌的不断积累。

你有个人品牌吗？一提起你，你的朋友、同事、老板可以迅速地用一句话或一种深刻的印象来形容你吗？如果没有，你就应当考虑，继续在你的职位潜伏下去，直到浮出之日到来。

跳槽前最好先问问自己：我是否积累了丰富的经验？我要是跳槽走了，现有的人脉资源我还能派上用场吗？我要是找猎头公司，他们会认可我的专业技能吗？如果你不确定这些问题的答案，还是在现有单位再坚持一段时间吧。

HR智谏：

　　入行没打好基本功，小问题常常造成致命伤。面对诱惑，与其这山望着那山高，频繁跳槽，还不如认定一个职业，扎扎实实地从基础做起。基本功不扎实，跨行太多，很难成为真正的专业人士。

Lesson 2

理性审视:
现在的公司真的没有前途吗?

每个人在职场中生存，不可避免地要涉及前途问题。在企业里我们可以通过职位的升迁来了解一个人的前途发展情况。

　　年轻人跳槽的一个主因就是："现在的公司让我看不到前途，做下去实在没有意思。"真的如此吗？事实未必。

　　每个人都必须从低层次的岗位做起，随着你的能力和贡献递增，公司自然会做出相应的调整；有时候可能与能力无关，纯粹是信任度问题，即便你再有能力，任何公司也不会立马就让你接触核心业务……应该用一种什么样的眼光和态度来看待这个问题呢？

一、下一家一定更好吗？

世界上并不存在十全十美的工作。很多人跳槽是因为这样或者那样的不满意，如果这种不满意，在现在这个公司不能解决，那么在下一个公司多半也解决不掉。每一个职场新人都必须树立这样的认知理念，绝大多数情况下，你所在的公司并没有那么烂，而你认为不错的公司也没有那么好。每个公司都有每个公司的问题，没有问题的公司是不存在的。换个环境你都不知道会碰到什么问题。

张小姐毕业后，先在一个小单位工作了半年，感觉不是很理想，就到了另外一家公司，干了快半年之后她就辞职了。当时她选这家公司是因为感觉大公司比较正规，但进来了才发现，里面问题也很多，公司制度太苛刻，保险体系也不完善，如此等等。后来，她又换了几份工作，可是干的时间都不怎么长，越换越糟，还不如之前几家的好。

某职业咨询公司曾对千名跳槽达人进行了问卷调查，结果显示，60%的跳槽者在换工作以后产生了挫败感，认为自己的跳槽是失败的。其中，有12%的跳槽者在新公司未能通过试用期。

在很多职业新人的心目当中，实际上存在着一个理想的公司，这个乌托邦式的公司有着完美的战略、完美的管理、完美的上级、完美的同事关系、完美的待遇等。但是，在职场的现实中，这样的公司是不存在的，再优秀的公司也会存在这样或那样的问题。如果你总是抓住公司的缺点不放，那你的心态也不会好，自然而然，工作也就很难出成绩。

记住，人的一生中最令人伤心的事不是没有机会，而是在机会出现的时候你做了错误的选择，不尊重自己选择权的人就为自己埋下了后悔的种子。在面对跳槽的时候，我们常常会受一些非理性的因素的干扰，老在想过去的企业哪里不好，认为不管换到任何地方都会比现在的企业强，并以这样的简单逻辑出发确定自己的前途。这样是要遭受惩罚的。事实上各个企业之间尽管管理水平可以划分成三六九等，尽管有的企业吹得天花乱坠，有的企业广告满天飞，但从根本上来说，管理上差别都不大的，而且制约许多企业管理水平的往往并不是什么高深的管理理论与方法，而常常是一些非常简单的人事问题。所以不要把希望寄托在渺茫的可能上。

当你实力不足的时候，在哪里奋斗都是一样的。与其把自己的职业幸福寄托在不确定的下一个公司身上，不如就在当下的公司把问题解决掉。

柳先生在一家大公司干了不到一年就想辞职。这么好的工作为什么要辞掉呢？柳先生的解释是："公司虽然名气挺大，但是实际工资却不高，'驴粪蛋子表面光'，而且老板整天一副爱干不干的样子，对我也不太重视，这样下去能有什么前途呢？"

他的朋友王先生听了他的抱怨之后这样开导他："你的抱怨也有道理，但是以我的经验来看，一个人在刚刚进入一个公司的时候，工资一般都不会很高，你的薪水和公司对你的重视程度都是随着你的业绩提升而逐步增加的。找一个大公司的意义不在于每个月多挣几千块钱，而在于你能够在一个比较大的平台上学习和发展。你在公司工作了这么短的时间就要辞职，你把公司的业务弄清楚了吗？这个行业你了解了吗？"

柳先生仔细想了一下，发现自己对所在的行业还真是了解甚少。"除非你打算以后不再从事这个行业，否则你在这个公司工作的一年就等于白费了，你什么都没学到就辞职等于在浪费资源。"王先生建议他先静下心来，深入钻研一下业务，等把这个行业摸透了再辞职。

柳先生觉得有道理，就打消了辞职的念头，一改往日自以为是的姿态，踏踏实实地工作起来。时隔数月，又在一个朋友聚会上碰到了王先生。

王先生问他："你在××公司的工作辞了没有？"

他回答说："开什么玩笑？自从上次听了你的劝告之后，我觉得这个公司确实是一个非常好的平台，离之可惜，所以就放弃了离开的想法。这段时间工作得很卖力，也很辛苦，不过总算有了些起色，最近刚刚升职为部门经理。我现在明白了，公司的平台不能随随便便就放弃。"

台湾最大的人力资源服务提供者——104 人力银行创办人杨基宽曾做过一个有趣的随机调查："如果给你 7 千万元，要求你从此不可换工作，你愿不愿意？"根据回应，30 岁以下的年轻人都会拒绝，逾 40 岁都会接受，30~40 岁者犹豫不决。杨基宽以"职场的黑色隧道"形容不同年龄者的反应。

所谓黑色隧道是指"工作上所有阴暗潮湿，让人不舒服，陆续在职场中出现来折磨你的事"。30 岁以下者一遇挫折，会将一次挫折放大成工作的全部，忘了其他值得磨炼的价值，就匆忙从黑色隧道撤退。40 岁以上者比较能悟出"3 吨矿石练就 1 克拉钻石"的道理，如果过度使用职场权利，始终无法通过黑色隧道的考验，就难以磨炼成光华四射的美钻。

并非做了一份工作就必须不离不弃，做一辈子，但是一些属于根本性的问题如果没有解决，下一份工作未必会更好，反而是对工作类似的不满情绪会再出现，因此绝对不要以换工作作为暂时的逃避。

HR智谏：

不少年轻人进入职场之后，得陇望蜀，总认为后面一定还有更好的工作等着自己。就这样折腾了几年之后，好工作依然没有找到，而当初跟自己一起毕业的人，已经由普通职员升到了管理者。人生中最大的浪费就是选择浪费，这也是最容易被忽视的浪费。选择是需要成本的，只要你认真选择了一份适合自己的职业，就应当努力坚持下去。

二、多出三五百就有前途了吗？

不满薪水问题，是年轻人抛弃当下公司的主要原因之一。但是，工资卡里多出了三五百工资，就放弃你做得还顺遂的工作，值得吗？

名校毕业后，a加入了北京一家新成立的电子仪器制造公司，刚入行的薪水并不是很高。由于a所在的电子仪器行业是个高速发展的行业，人才的缺口非常大，刚工作两年的a就常接到猎头公司的电话，一般对方公司开出的薪水都比他现在的薪水高30%以上。很顺利地，a跳槽去了新公司，职位和原来相比差不多，但薪水如他所愿高了不少。

两个月后，让朋友羡慕不已的a却每天唉声叹气，后悔不迭，原来a上一个公司是一家新成立不久的高科技公司，公司正处于不断地创新、开拓、发展阶段，有很多机会和岗位去学习和实践，公司还具有比较完整的培训体制，对于自身的技术提高和能力发挥很有帮助。而现在的公司是家老牌的高科技公司，公司各方面已经发展成熟，日常只是维护正常的运作，a只需要机械地每天把手头的事情做好就好，没有过多的机会去提高自己的技术。

上一个工作虽然薪水低，但是可以与公司共同成长，现在的工作虽然薪水高，却成了一个原地踏步的小螺丝钉，对于有上进心且年龄尚轻的a，孰优孰劣呢？很显然，a的跳槽是把自己的未来卖了，难怪他会郁闷不已。

某IT公司市场部专员b也被"高薪"撞了一下腰。b在原来公司待了快两年了，工作也算是十分出色。一天，国内一个新的手机厂商找到b，挖角他去做市场部经理，开价是现在工资的两倍。面对如此诱惑，b几乎没做过多考虑便跳了槽。然而，新的工作环境却让 b 大跌眼镜，新公司老板对于市场经理职位的认知与 b 颇有不同，甚至要求市场部负起一半销售的责任，再加上公司内部派系林立，b 开展工作相当困难，尽管高薪依旧，但他不得不辞职了。

a 和 b 的失误都是被"伪高薪"扰乱了心智，迷花了双眼。其实，企业制定的薪酬并不只是简单的数字，它暗含着很多东西：对人才的培训计划、合理健全的奖励体制、未来的发展空间，让每个员工在无形之中受益的企业文化，而银行卡上的数字只是其中的一部分而已。我们在跳槽时，一定要拨开数字表面的迷雾，辨别出真正的"高薪"，要知道，企业除了是给我们发工资的地方，还是我们生活的另一所学校，在工作中，我们能够丰富思想，增进智慧。

人力专家指出，职场新人们每过一两年就跳槽，大多是"平级跳槽"，薪水可能会上涨 10% ~ 20%，但是"稳得住的同龄人在一家公司里爬梯子，你在同一个台阶上跳来跳去，到某天定睛一看，自己已矮了不止一头。"作为新人，应该充分了解新公司的规模、文化、背景、经营理念和发展规划，从而判断出，除了加薪这个显而易见的"饽饽"外，新公司的职位是否更能体现个人的能力和价值，后期的上升通道是否有客观被限制的地方，这样才能通过跳槽实现薪酬和个人发展平台的双提升。

很多年轻人认为：所谓工作就是我为公司干活，公司付我一份报酬，等价交换，仅此而已。他们刚踏入职场时，对自己有着很高的期望，觉得自己富有学识，应该立刻得到一个薪水丰厚、职位显赫的工作。但实际上，他们的工作能力还没有想象中的那样高，工作经验也相对缺乏，他们却人为地给自己贴上了价签。在这个价签的驱使下，他们视报酬多少来付出相应的劳动，工作时总是采取一种应付的态度，能少做就少做，能躲避就躲避，敷衍了事，结果，他们的职业生涯陷入了恶性循环中：低薪酬—工作懈怠—能力无法得到提升—低薪酬。

前通用 CEO 杰克·韦尔奇说过："员工希望拥有高薪，这是很正常的一种心理，但是起码你先要告诉我支付你高薪的理由。"这句话一针见血的道出了薪酬的本质，公司作为一个经济实体，是以营利为目的的。站在公司的角度讲，薪酬是企业对员工提供劳务和所作贡献的回报，员工的贡献包括客观绩效和付出的努力、时间、精力、学识和才能，与学历无关。拿工作来做交易，"给多少钱，干多少事"，不能为公司作出更多贡献，最后的薪水肯定是上不去的。

单为工资工作永远都不是员工成长的平衡点，为公司创造价值不仅是基本的职业道德，也是员工为了寻求发展的一个平衡点，只有公司先赢，员工才有机会赢。从某种意义上说，我们的薪水是由自己定的，那些积极努力、认真敬业地对待自己的工作，不断提升自我价值的人，自己会为自己加薪。

老板并非慈善家，他只会为你的使用价值买单。也许你学历出众，满腹经纶，但如果你的学问只有 10% 对公司有用，那么公司也就只会为这 10% 买单，剩下的那 90% 就是你自己的事了。因此，要想让你的薪酬节节高，就先让自己 100% 对公司有用。

为了相对高的薪水而现实的员工为了高薪甘愿赴汤蹈火，目光长远的工作者懂得修炼内功静待高薪上门。底蕴决定命运。你的能力和你能为公司创造的价值才是薪水的唯一决定因素。

HR智谏：

对于新人来说，当下的工作所带给你的，不仅仅是工资。如果你将工作视为一种积极的学习经验，那么，每一项工作中都包含着许多个人成长的机会，工作中有珍贵的经验、良好的训练、才能的表现和品格的建立，这些东西与金钱相比，其价值要高出千万倍，它可能成为你薪水倍增的有力武器。

三、你在错过最佳经验学习期吗？

一个刚毕业的大学生到单位报到，见到单位的领导后，大学生问："你是单位的最高领导吗？"领导说："是的。""那你是什么级别？"大学生问。"处级。"领导回答。"就处级啊？这就是说，我在这里最高才能当处级？"大学生很失望，不久就跳槽了。

有很多习惯跳槽的人时常将"我在这家单位看不到希望"挂在嘴边。他们最不满意当下公司的地方，就是觉得自己学历高、能力强，却被放置在一个不对称的职位上。

元凯从某所著名高校金融硕士研究生毕业之后，进入北京一家银行工作。面试的时候，银行方面说给他安排信贷部门工作，这让元凯非常开心。去银行工作一直是他的理想，而起点就是大家都羡慕的信贷部，无疑是个不错的开端。经过为期3个月的培训之后，正式上岗的时候，元凯大吃一惊，他被安排去了柜台。这令元凯实在无法接受，要知道，大专毕业的表妹就在另一家银行的柜台工作，而自己堂堂研究生毕业怎么也去柜台？得知这个决定的当天，他便开始有抵触情绪，整天闷闷不乐。勉强工作了几个月，元凯渐渐死心了。于是，他不顾家人的反对而选择离开。令其没有料到的是，他离开后的几个月，银行人员调整，支行刚好有一个空缺要人过去，可是很遗憾，他就此错过了。

大学毕业后参加工作的年轻人，往往对工作抱很大期望，以为可以从此摆脱大学生活的单调，发挥自己的创造性。但是不久后发现自己不过是

一颗螺丝钉，就容易觉得工作没有意义和价值，对工作懈怠或频繁跳槽。

每一个做初级员工的，只是企业这个大机器中的一颗螺丝钉。螺丝钉虽小，但影响却并不小。如果这颗螺丝钉东摇西摆地乱晃，或者时松时紧，那么企业这个机器就会运行得不顺畅。可很多职场新人就是不安于做一颗螺丝钉，反而对自己一窍不通的企业运行机理指手画脚，或者觉得自己屈才了，一心想着要做管理者要当经理。这样的人往往下场非常明显。

打工皇帝唐骏语重心长地说："中国的大学生不要挑三拣四，我们去国外看到列车的服务员、餐厅的工作人员都是大学生。"他也实实在在地讲了用人单位的感受——现在的大学生，就是一个普普通通的人。

从中国企业现实说，人才是处于饱和和过剩状态，只有新兴行业和特殊行业的人才供给不足。因此，新人从一开始安排在相对比较低的岗位上进行锻炼，以做人才储备，这是很多用人单位的普遍做法。企业招聘人才的时候，自然有其自身的安排计划。当你被安排在任何岗位的时候，不要妄自菲薄，也不要轻易抱怨，要明白这样一个真理：职场不设虚席，任何岗位的任何人都必须有其存在的价值。

管理学上有一个"不值得定律"，其最直观的表述是，不值得做的事情，就不值得做好。这个定律似乎再简单不过了，但它的重要性却时时被职场人疏忘。不值得定律反映出一种普遍心理：如果从事的是一件自认为不值得做的事，往往会保持敷衍了事的态度，不仅成功率小，而且即使成功，也不会有多大的成就感。那些成天埋怨没有前途、看不起自己所从事的职务的人，是不是得反思一下自己：我是不是从一开始就觉得眼前的工作不值得努力，所以一直没有全力付出，导致了踏步不前呢？

实践证明，从基层做起并不会因此而扼杀了自己的才干，恰恰相反，是不少人通往成功的必经之路。因为从基层做起，既是考验一个人的心理素养，也是最能锻炼人的地方。如在英国读 MBA 的入学条件，就有这样的基本要求：大学本科毕业，两年以上工作经验（工商管理工作）。其目的就是强调求学者必须要有一定的"理论与实践相结合"的锻炼时间，才能实现从"管理"的一个高度到另一个高度的提高，避免"从理论到理论"的纸上谈兵。而实际工作中不少踏实肯干的人，最终"从士兵到将军"的经历也是最好的证明。

我们都知道，杰克·韦尔奇是管理界叱咤风云的人物。谈起成功的秘诀，他说只有7个字："做好平凡的工作。"杰克·韦尔奇刚开始工作的时候，在一家名为汤姆·麦坎的小鞋店做售货员。虽然这份工作基本上没有什么值得炫耀的地方，但杰克·韦尔奇认为这份工作非常有意思，可以与形形色色的人打交道，因此他干得很愉快。凡是有顾客进商店，杰克·韦尔奇就会给他们拿来各种样式的鞋子，井井有条地依次放好，然后让他们试鞋。如果他们不喜欢某种款式的鞋，杰克·韦尔奇总会不厌其烦地给他们推荐另外一双鞋。鞋店当售货员的几年中，杰克·韦尔奇从没让一个走进鞋店的人空手而去。杰克·韦尔奇从售货员起步，从这份平凡的工作起步，一步一步走来，成就了自己传奇般的事业——世界最大电气公司的"掌门人"。

无独有偶，惠普公司前CEO卡莉·费奥瑞娜从斯坦福大学法学院毕业后，做的第一份工作是一家地产公司的电话接线员，每天的工作就是打字、复印、收发文件、整理文件等杂活。虽然父母和亲戚朋友对她的工作感到不满，认为一个斯坦福大学的毕业生不应该做这些，但她没有任何怨言，继续边努力工作边学习。一天，公司的经纪人问她能否帮忙写点文稿，她点了点头。正是这次撰写文稿的机会，改变了她的一生，她后来发展成为惠普公司的CEO。

每个人在做事情的时候都要从最简单的做起，进而才能承担更重要的使命。这是一条必经之路，谁想逾越这一步，都将会栽跟头。就像新生儿一样，在没有学会走路前，如果让她跑，势必会摔跤。

职场就像筛子，每升一层，总有一批人被筛下去，最后留下的是真正

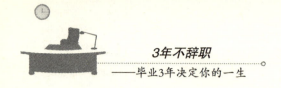
历练过的人。从整个职业生涯来看，30岁前，属于学习期。大学毕业后到30岁以前，如果把握得好，就为以后起飞奠定了很好的基础。然而很多人30岁以前几乎什么事都没干，没有向组织学习，没有向长辈学习，甚至大加排斥，认为自己的上司都是笨蛋，自己所在的公司都很糟糕，于是总在跳槽"逃生"。结果，除了交学费外还是交学费，错过了最佳的"职场经验学习期"。如果30岁以前没有把握好职场起步期，以后就很难起飞，至少飞不高。

不要眼高手低，不要看不起当下的工作，也许你看不上眼的工作，就是你将来腾飞的基础。你在默默无闻地为公司的事业大厦添砖加瓦的同时，也在建筑属于你自己的"房子"——那就是你的职业前途。更重要的是，职业前途是一座特殊的"房子"，你几乎不可能抹平重建，它需要我们每天敲进去一颗钉，加上去一块板，或者竖起一面墙，在平凡而漫长的工作中一点一点地设计和建造完成。

HR智谏：

工作并不是一种简单的雇用与被雇用关系，更像是一种投资关系。每一位职场新人不应该看低自己当下的职务，而要为自我增值忙碌起来。要想上升必须经历苦差，就看你是否有毅力坚持下去，在烦琐苦闷中寻求机会。

四、你"心理毕业"了吗？

很多时候，并不是当下工作本身的问题，而是就业者自身的心态存在问题。有相当一部分已毕业一两年的职场新人，仍未从心理上真正"毕业"：因为怀念大学时代美好生活，而对职业前景焦躁不安。很多职场新人在毕业一年后的同学重聚场合，都有一种"迷惘"的感觉：工作不如意，抱负无从实现，不知是该跳槽还是考研重回学校。

徐杰毕业于上海市某知名高校，上班一年中他几乎每个月都要回一趟母校。毕业初期，怀着对工作的向往，徐杰干劲十足。后来，他渐渐发现许多工作无法按照自己意愿进行，和领导、同事的关系，也远比学校里复杂。郁闷时，他更怀念大学生活，感叹好日子已一去不复返。第一家单位没干半年，就跳槽了，换了好几家，终究没有找到理想的，索性又开始考研，重回大学生活。

而毕业于北京某知名高校的于策，毕业后在某策划公司担任策划专员。上班前3个月，还在实习期的她并没有觉得有多辛苦，等到一转正，压力骤增，于策感觉自己简直无法承受，情绪也变得非常焦躁。每天早上8点半上班，住在郊区的她6点就要起床了，一直到晚上10点，都处在工作的状态中。习惯了大学闲散生活的于策面对紧张的工作节奏，简直难以招架：白天，她要跟着领导们开会、研讨，当会议结束的时候，她的工作才刚刚开始——接下里就是要费尽心思想着写些什么……转正还不到一个月，这份原本让于策向往已久的"办公室小白领"的工作，就让她身心疲

怠。每当情绪十分不稳定的时候，她就会十分怀念大学生活。

毕业后仍把大学当"娘家"，是心智不成熟的表现。一个人的成熟，需要经过两次断乳：第一次是生理上脱离对母乳的依赖；第二次则是摆脱成人的扶持，不需家庭的照管，成为一名平等、独立的社会成员。后一种脱离被称为"心理断乳"，它不像实际断乳那样有明显的界限。毕业后还留恋校园生活，正是"心理断乳期"延长的表现。

心理断乳期的最主要表现是独立活动的愿望变得越来越强烈，但由于缺乏生活经验不能正确理解自尊，只是强烈要求别人把他们看做成熟的个体；尽管自我意识发展了，但自我控制能力还很差，常会无意识地喜欢与人争论，但论据不足；喜欢发表见解，却又判断不准；喜欢批评别人，但又容易片面。在学校里，学生如果提出问题，老师都会宽容地对待，因为师生间不存在竞争关系。到了职场中，新人们如果还是想说什么就说什么，可能就会讨人厌。

人力资源专家认为，现在的大学生多是独生子女，从小到大的人生轨迹均由父母设计，独立处理问题的经验较少。虽然参加了工作，但潜意识里仍把自己当学生，还未完成角色转换。

某调查机构曾经对百余家用人单位做过统计，逾半数单位表示：同等条件下，他们更愿意把重要项目交给至少有3年以上工作经历的员工，因为刚毕业的员工往往目标定位很高实际表现却不尽如人意。

职场新人们需要尽快心理断乳。

首先，要及时转变心态。职场不是学校，不是家庭，一些学生的浮躁之气就要彻底戒除，切忌以自我为中心，一味地追求标新立异的个性主义，这对自己是极为不利的，也是非常不可取的；要具备一定的沟通技巧和合作精神，同时有必要学习一些礼仪文化知识，脚踏实地地走好每一步。正视落差，承认自己的失败，并非坏事。意识到落差后，换上积极心态，继续努力，那么就有机会改变自己的命运。

其次，尽快实现角色转换。"心理断乳期"来临时，找寻外部的心理援助，以平衡内心，十分必要。若角色转换时，心态无法跟随改变，那么可以找身边的人倾诉，试着让自己的注意力暂时转移，尽快将压力释放。每个人都是一步一步走过来的，要把心态放正，不要总把自己当新人来看。遇到自己不能解决的问题不去问，这样是要吃亏的，不会有人看不起放下架子虚心学习的人。老员工都有自己的经验，你询问他们也是提高工作效率的一种手段，工作上也可以走一些捷径的，总是自己摸索，这样的学习代价就太大了，而且没有什么必要。

HR智谏：

作为职场新人，要尽快度过断乳期，努力完善自我，使自己尽快融入公司，融入社会。即在单位的大环境下，主动改变自我，改改学生气十足的现象，适应工作，适应环境，进入良性循环的轨道，为自己的职场生涯开个好头，积极主动，发现自己的不足和问题，而不要等到别人提示。

五、你能正确对待"职业倦怠"吗？

宫苑大学毕业后就进入了一家IT公司做总经理秘书，到现在为止已经在这个职位上工作将近两年了。在刚参加工作的时候，宫苑每天的工作热情都很高昂，为每一天能学到很多新东西而兴奋不已。随着时间的推移，她对公司和业务都相当了解了，渐渐发现老板交给自己的工作，都是些事务性的琐碎工作，里面可以学习的新东西早已经学完，自己的能力好久都没有什么长进……顿时，宫苑对自己的工作失去了热情。最近一段时间尤其明显：每天清晨醒来，一想到要去工作她就会心口堵得慌；走到公司楼下的电梯口，心里就直翻腾；待坐在办公桌前，莫名其妙就上火；有几次看着手边的文件，甚至想把它们给撕了……

尽管老板对她越来越赏识，大多数部门经理对她的评价也挺高，和同事之间的关系也很不错，但是每天的工作开始重复，使宫苑感到单调。是时候选择下一站了吗？她想转行做销售，可又怕自己做不好，继续现在的工作又提不起丝毫的热情，为此她苦恼不已。在和姐妹们聊天的时候，她总是这样调侃自己："我和我的工作进入了两年之痒！"

遭遇职场"两年之痒"是正常的规律。从个人到组织成员，从价值索取到价值贡献，从一无所知到具备了必要的职业技能和职业认识，在度过这个"转化阶段"之后，职场"准新人"必然面对进一步的发展问题。

究其实，所谓的职场"两年之痒"正是遇到了职业倦怠。职业倦怠几乎是每个人都会遇到的问题。所以，不需要过于焦虑。据调查，现代职场人产生职业倦怠的时间越来越短，有些应届毕业生甚至工作几个月就开始厌倦当前的工作；而40%以上、拥有工作一年以上工作经验的白领表示对自己的行业失去了热情。

一个人长期从事某种职业，在日复一日重复机械的工作中，渐渐会产生一种疲惫、困乏，甚至厌倦的心理，在工作中难以提起兴致，打不起精神，只是依仗着一种惯性来工作。这正是典型的职业倦怠。加拿大著名心理专家克丽丝汀·马斯勒更是形象地将职业倦怠人士称之为"企业睡人"。

归纳起来，"企业睡人"一般包括以下 3 个特征：①情感衰竭：指没有活力，没有工作热情，感到自己的感情处于极度疲劳的状态。②去人格化：指刻意在自身和工作对象间保持距离，对工作对象和同事采取冷漠、忽视的态度，对工作敷衍了事等。③成就感缺失：指倾向于消极地评价自己，并伴有工作能力体验和成就体验的下降，认为工作不但不能发挥自身才能，而且是枯燥无味的繁琐事物。

从人力资源的角度分析来说，产生职业倦怠无外乎以下 3 种原因。

其一，工作缺乏挑战性，个人潜能得不到发挥，无法从工作中获取成就感和幸福感。

其二，始乱终弃，由于现在工作越来越难找，很多人在毕业求职之际都漫无目的地四处撒网，最后糊里糊涂地进入职场工作，根本没有先去思考自己究竟喜欢什么样的工作，往往等到工作一段时间以后才发现自己其实对这种工作毫无兴趣。于是，进退两难，这种职业错位长期延续必然会导致职业倦怠。

其三，与个人的性格特征有关。专家指出，自我评价低、工作投入、追求完美主义、A 型性格、外控性格等都容易受到职业倦怠症的折磨。所谓 A 型性格是一种"工作狂"的性格特点，他们的时间紧迫感强，情绪易急躁，不甘于现状，进取心强。这些努力工作的"拼命三郎"，会

不顾及自己的身心状况而超支付出，因而易导致身心的倦怠直至枯竭。而自我评价低的人由于缺乏自信心，总是充满失败感，也容易被职业倦怠症击中。

面对职业倦怠，应当采取更积极的应对手段，而不是通过跳槽来逃避。

首先，学会正面思考。在工作的过程中，要学会欣赏自己，善待自己。如果当下的工作没有挑战性，就要学会换一个角度来思考：你的工作虽然不重要，但是一样可以学到很多东西，因为这是你经验积累的必要过程；你终日在为琐碎的业务所累，是因为你有摆平琐碎事务的能力。总之，遇到挫折时，要善于多元思考，"塞翁失马，焉知非福"，适当的自我安慰是有益的。千万要避免过激地否定自己，摧毁自信心的后果是很可怕的。

其次，职业倦怠在很多情况下是一种"本领恐慌"，因此，要从根本上防治职业倦怠症，必须不断地为自己"充电"加油，主动适应社会环境的压力。如果你心仪某一职位，就要衡量自己的技能与这个职位要求之间的差距。利用各种途径去提升自己的技能，就可以在机会到来时成功争取到。

再次，主动改变一点点。成功需要主动打破工作的界限。了解你的老板希望你做什么，主动去准备，把握新的机会。其实很多时候，职业机会来自于对现有工作做出的小小改变。比如，整日在电脑屏幕前劳作的设计师，也许可以转换为室外设计的工作——虽然工作技能不需要太大的改变，但是工作种类却变好了。

最后，要学会放松。工作的时候，不要把老板、主管、同事的玩笑想得太严肃，职场和谐很需要幽默感。当你感到压力过重时，不妨做做运动，听听音乐，陪家人逛逛街，和朋友聊聊天等，都可有效舒缓压力。如果是因为工作太久缺少休息，就赶快休个假，只要能暂时放空自己。另外，工作之余，不妨恢复或者培养自己的兴趣爱好，一方面可增加生活情趣，让你感受到生活的乐趣；另一方面也增加了成就感的来源，使你的关注点、兴奋点不再是除了工作之外还是工作。

HR智谏：

在职业发展的过程中，专业知识、工作经验、综合能力决定了职业人的发展高度和方向。正确处理好三者之间的关系，是突破职业发展瓶颈的关键。当你在一个地方自觉专业知识发展受限，感到职业倦怠的时候，首先要冷静地思考一下：以跳槽增加工作经验真的能解决专业知识问题导致的职业倦怠吗？即便专业知识到了所谓的"瓶颈"关头，是否还可以在原地寻求综合能力的发展呢？

六、别人阻碍你的前途了吗？

很多人觉得自己在公司没有发展前途的一个原因在于，老员工霸占着位置，他们学历层次不高，知识明显落伍，管理能力有限，却站着茅坑不拉屎，不肯给新人机会。

小钟毕业后去了一家小公司做业务员。工作没过多久，她就快气炸了：有位工作了四五年的老员工似乎总和她过不去，平时不管小钟做什么事情，他都喜欢过来指指点点，让她常常不能按自己的想法去做事。不仅如此，那位老员工还很喜欢指使小钟做一些工作职责外的私人琐事，有时候小钟正在忙的时候，这位老员工仍指使她做事，丝毫不顾虑小钟的感受。工作空闲的时候，这位老员工也不放过小钟，动不动拿她开涮，有时候还开黄腔，一点都不顾及面红耳赤的小钟。这些都可以忍受，唯一让小钟绝望的是，在这位老员工手下干活，自己看不到职业前途，干的活都是他挑剩的，稍微有点成绩的，还被他抢功劳……

小钟所遇到的这位老员工，正是人力资源专家所言的"workplace bully（职场霸王）"。职场霸王有5种典型的霸王行径：在会议上处处刁难新人，抢走新人的工作成果，给新人指派很多额外的工作，对新人或其工作冷嘲热讽，对新人言语或者表情轻佻。

面对这样的以强欺弱，很多处于弱势地位的职场新人选择了一走了之。问题是，在哪里没有"可恨"的老员工呢？

老员工霸陵现象是中国企业的一个普遍问题。说到底，中国绝大多数的企业都很年轻，企业当初创业的部分员工还活跃在企业中。创业者在创业的时候基本都没有多少选择余地，他们很难在情况穷迫的条件下，聚拢一批人才，这就为后期运营的缺憾埋下了伏笔。在取得了阶段性的成功之后，这批人跟不上企业的发展步伐了，但卸磨杀驴又会影响到人心向背问题，这是一件很让人头疼的老问题。同时，新引入的人员不管能力有多高，能否适应企业的文化，是否真的有意与企业共始终都是未知数，所以做出重用新人的决定是要冒很大风险的。

作为新人，要体会到企业的难处，但是也没有必要惧怕老员工。正所谓长江后浪推前浪，新员工取代老员工是必然的，这也正是企业引进新人的用意所在。

老员工，作为企业的奉献者，经历了企业的变迁，他们知道公司最重要的事情，知道什么时候该做什么样的事儿，知道如何规避工作风险并妥善处理工作中遇到的困难，他们甚至可以在公司一系列的政策和制度中自由地活动。

一旦出现新员工能力出众、对其地位造成威胁时，老员工往往就会抱成一团，共同打压新员工。老员工为了保住自己的地位、体现自己对组织的价值，往往会采取打压副职，以免其盖过自己风头的手段，挤压新员工的空间。

作为新人，不要轻易被老员工的声势震慑。要知道，老员工的霸陵往往出于强烈的自我保护意识。所谓"教会了徒弟，饿死了师傅"，老员工不肯给新人机会与经验，完全是处于自保。

老员工在公司内服务多年期间，往往是"一个萝卜几个坑"，一直奔忙于单项的具体事务性工作，多年下来，除了对公司内部的人情世故、流程、企业文化有更为强烈的了解之外，职业技能未必有所见长。另外，由于在企业内工作了较长时间，特别是经历了创业时期的痛苦，这些员工对企业的感情格外重，忠诚度也很强，一方面他们不太愿意离开企业；另一方面在发现自身职业能力与外界出现差距的时候，也害怕离开企业。

老员工位居高位，但企业是以盈利为目的的，不可能高薪养着闲人。

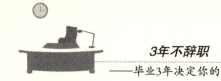
当老员工工作思路与知识能力均遇到瓶颈，已经不能适应企业发展时，他们对企业的价值已经相当低了，如果让这些员工继续占据重要的管理岗位，显然不利于企业的决策。而作为新人的你，如果知识体系结构较好，接受新事物比较快，不容易受到企业现在结构、文化的束缚，更容易接受新知识新方法并在企业内实施，对于企业来说，你有着更大的发展潜力，你对于企业的未来价值更大，慢慢淘汰老员工就是大势所趋。

因此，作为职场新人，没有必要老盯着人家多年打下的江山不平衡，应当认识到，老员工并不是你前行的死障碍，他们妨碍不了你的职业前途。企业要招人，企业要补充新的生力军，这也是老员工无法左右的事情。

两个人在森林里，遇到了一只大老虎。A就赶紧从背后取下一双更轻便的运动鞋换上。B急死了，骂道："你干嘛呢，再换鞋也跑不过老虎啊！"A说："我只要跑得比你快就好了。"

新人最重要的竞争对手还是跟自己同时代的人，面对企业提供的机会，你的竞争对手只是与你同等地位的新人。每天早晨在非洲，都有一只羚羊醒来，知道一定要跑得比自己的同类快一步，才不会被狮子吃掉。只要你付出的比自己的同辈多，工作比同辈出色，时机成熟了，机会必然会降临到你的头上。

HR智谏：

面对老员工的排斥，新员工往往陷入极度的孤立：一方面，自己需要单独面对由于利益关系而抱成一团的老员工的挤压；另一方面，高管层往往会出于和老员工的感情因素而选择沉默。这时候，作为新人，切忌为了自己的职业发展与晋升而在有意无意之间逞强好胜，这会引发老员工更大的防范。正确的做法是：尽快适应新工作，少说多做，多看、多听，在恰如其分表现自己才气的同时，要学会尊重老员工，与老员工拉近距离，融入他们的圈子。

七、位子越高越好吗？

职场新人总是会陷入这样的认知误区：职位越高就代表发展越好。事实上，为了所谓的高职位而盲目跳槽的牺牲者比比皆是。

郑新最近参加了一次同学聚会，发现同学甲已经升到公司主管，同学乙则当上了公司的销售总经理，同学丙更是荣升为公司的总裁助理……回到家里，郑新坐不住了：同班同学，大家的资历都差不多，而且在学校的时候学习成绩未必有自己好，为什么人家都当官了，而自己只是一名资深员工而已？郑新越想越不是滋味，于是他找了个机会，向自己的上司申请晋升，而上司的答复是：公司目前没有空余职位。郑新又忍了一段时间，终于忍不住辞职。辞职后，他也未能找到高职位，最后只好在另一家企业做起了资深新员工。

有很多像郑新一样的职场新人，为了自己的虚荣心，而丢弃了本来干得好好的工作，实在令人惋惜。职位不是越高就越好，适合自己，能够胜任才是关键。

管理学上有一个著名的彼得原理："在一个等级制度中，每个职工趋向于上升到他所不能胜任的地位。"企业的员工由于在原有职位上工作成绩表现好，就将被提升到更高一级职位；其后，如果继续胜任则将进一步被提升，直至到达他所不能胜任的职位。

对个人而言，虽然每个人都期待着不停地升职，但不要将往上爬作为自己的唯一动力。与其在一个无法完全胜任的岗位勉力支撑、无所适从，

还不如找一个自己能游刃有余的岗位好好发挥自己的专长。

在职场，应该懂得"有所为有所不为"。毕竟，在短暂的职场生涯中，每个人的比较优势可能只有一项或两项。因此，一定要根据自己的比较优势找准自己的位置，不要为了所谓的职位而冲动跳槽。像郑新一样的职场新人，不妨向以下这位历尽千帆的职场达人借鉴一下经验。

张炜在一家著名的电器公司待了很多年，随着公司的发展和壮大，他逐渐从一名普普通通的 Sales 成长为公司的顶梁柱。他所带领的销售团队，几乎每年是公司的销售冠军。他多年来对公司的忠诚及对公司做出的巨大贡献，公司领导都看在眼里。在年终绩效考核之后，总经理和 HR 部门讨论决定，将张炜提升为公司的副总，负责管理全公司的所有营销工作。

总经理找到张炜进行谈话时，没想到他竟然婉言拒绝了这次提升。总经理还是给他留了余地，让他在春节期间好好考虑一下。

张炜的妻子对他的这一决定很不理解，毕竟这是一次千载难逢的晋升机会。妻子耐下心来开导他说："能够进入公司的高级管理层，这对你来说也是一次历练，可以在销售之外的其他方面进一步提升自己、完善自己。"

无论妻子怎么讲"高处"的好处，张炜都不为所动。妻子终于按捺不住了："咱们家里的负担还轻吗？孩子上学的开支越来越大，双方老人的身体又不好，这么大的经济压力，就不能为你上进的动力吗？升为公司副总以后，你的薪金会提高一倍，更何况年底还有更为丰厚的奖金可拿，你眼睁睁地放弃唾手可得的金钱吗？"

张炜说："我并非不想升到人人艳羡的副总职位，也并非不愿意得到更高的薪酬，更不是就想在部门经理的位置上了此一生、不思进取。虽然在销售领域内我表现得如鱼得水，而且对销售团队的管理也算称职，可是一旦让我统一管理公司的所有营销工作，那我就会感到捉襟见肘了……"

"你怎么就这么不自信呢？"

"这不是不自信！这叫懂得'有所为，有所不为'。难道你忘记我上次辞职的遭遇了吗？"

原来，在进这家国企之前，张炜已经做到了一家外企的总经理助理，由于他口才很好，而且在处理一些公司事物上给同事们留下了执行力强的印象，不管是做事情还是做人上，公司高层对他很满意，所以这个位置他一坐就是5年，年少的他渐渐开始骄傲于自己的成绩，觉得自己可以往更高的地方走了，但是总经理是股东之一，不会有下台的那一天，所以张炜毅然辞职，谋取高职。

辞职后，张炜多次应聘总经理一职，却被一一拒绝了！有的小公司愿意邀请他去，但是他却看不上。很长一段时间没有工作，他着急得面黄肌瘦但是心灵上的打击更严重，最后在他曾经不屑的小公司做了总经理，但是上任不久就由于他管理不到位而被迫辞职。挫折让张炜认清了一个事实：执行能力强不代表决策能力、管理能力强。当时在做总经理助理时主要从事协助性事务类工作；做领导就大不一样了，要处理很多棘手的人事问题。张炜痛定思痛，选择了现在的这家国企，从最基层做起，慢慢做到管理层。

后来，妻子也不再坚持什么。面对这次晋升机会，张炜抵制住了诱惑，向公司推荐了他认为更合适的人选。果然他推荐的人当上了公司的副总，而且还干得有声有色，而张炜自己仍然从事销售管理工作。后来，因为他带领的部门业绩突出，他开始兼顾管理其他的销售部门，最后负责总公司销售团队的建立和培养工作，在这一职位上他干得仍然是那么得心应手。

"蝶飞高处频投网"，职业人在冲刺高职位之前，一定综合审视自我。在漫长的职场生涯中，总是会遇到这样那样的晋升机会。问题是，这样的机会究竟适合不适合自己。面对超出自己能力范围的职位，有时候你要懂得"拒升"。面对高职位，不妨先问自己这样两个问题。

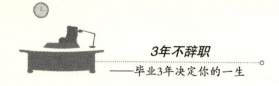

（1）我能不能做好？一个人放对了地方就是人才，放错了地方就变成蠢材。任何职位都要求从业者掌握一定的技能，具备一定的能力条件。而一个人一生中不能将所有技能都全部掌握。所以你必须在进行职位选择时择己所长，从而有利于发挥自己的优势。运用比较优势原理充分分析别人与自己，尽量选择冲突较少的优势行业。

（2）我能不能从中获取快乐？兴趣与成功几率有着明显的正相关性。人的一生终归是要做自己喜欢做的事情。在设计自己的职业生涯时，务必注意：考虑自己的特点，珍惜自己的兴趣，择己所爱，选择自己所喜欢的职业。李开复认为"工作满足感"来自"内心的召唤"，零点调查集团董事长袁岳称之为 Professional Calling："Professional Calling 就是有一样东西你发自内心地热爱它，它不一定是社会上最流行的，不一定是钱拿得最多的，也不一定是让其他人羡慕的，但却是你内心热爱的。我们看的书、学的知识和选择的学科并不代表我们必然的职业取向，甚至不是我们一生职业成功的基础，而 Calling 才是第一位的。"

HR智谏：

> 　　职业个体都具有一个由多种能力组成的能力系统，每个职业人在这个能力系统中，各方面能力的发展是不平衡的，常常是某方面的能力占优势，而另一些能力不太突出。在进行职位选择的时候，应主要考虑自己的最佳能力，选择最能发挥优势能力的职位。什么是最适合的职业？喜欢做的、适合自己的、能够胜任的！

八、公司越大越好吗？

很多新人跳槽的原因是嫌弃当下的公司规模太小，一方面发展前途充满不确定；另一方面让自己面子上挂不住。

媛媛就是那种一心向往在大公司做黄金白领的女性，名牌外语大学毕业后她在一家名不见经传的民营企业做业务员，虽然工资待遇、假期福利等各方面都不错，但媛媛总觉得有些遗憾在心底。毕竟，周围很多朋友都在名气响亮的大集团当白领，这让媛媛在同学聚会时很自卑。不甘心久居这个小公司，媛媛开始在上班之余寻找更好的公司。

一轮简历投下去之后，媛媛终于"飞"上高枝头，进入一家外企做翻译。虽然，待遇并不是很理想，但媛媛认为，在这样的大企业，目光要长远，工资肯定会涨得很快。最主要的是，看到其他同学转投过来的羡慕眼神，媛媛的虚荣心得到了极大的满足。

在这家外企待了两年后，媛媛发现并没有想象中的那么酷。眼看着自己的同学一个个变得很强势，能力都得到了大幅提升，而自己因为总翻译一些固定的词句，丧失了很多学习和巩固知识的机会。更让媛媛郁闷的是，自己的工资在两年中涨幅很小，和继续留守那家小公司的前同事丽丽相比已经差了一大截。后悔莫及的她最后选择了再次跳槽。

类似于媛媛的职业人，有很多。隔岸观景是人的普遍心态，在小公司做久了，一相情愿地觉得大公司会很美好，这是典型的虚荣心在作怪。从心理学的角度来看，虚荣心是一种过度强调自己的表现，是为了取得荣誉

和引起普遍注意而表现出来的一种不正常的社会情感。在虚荣心的驱使下，人们往往只追求面子上的好看，不顾现实的条件，最后造成危害。在职业定位的时候，虚荣心带来的选择失误会延误人们走向成功的时间。

无论从事什么类型的工作，都是自己的事，无论怎么选择，都不要为了别人的目光而选择工作。很多职场新人喜欢在工作上与周边的人攀比，不管那是不是自己想要的。

在职场上，选择适合自己的职业，发挥自己的潜能是让人开心愉悦的事情，相反，如果做一个自己不能胜任的工作或者不喜欢的工作，就会不舒服、痛苦。遗憾的是，很多年轻人不是根据自己脚的大小选择鞋，而是根据鞋子来选择脚。

大多数职场新人喜欢选择世界五百强和外企作为自己的求职目标，但是并不是每个人都可以进入这样的公司，而且其中有很多人只是为了进五百强而进五百强，只图名。倘若进去了却没有一个明确的发展方向和目标，到最后也是空耗时间，得不偿失。

姜涛在一家本土测试测量仪器公司干了5年。在这5年里，姜涛见证了公司的成长，从最开始的12个人发展到500多人的中型公司，从默默无闻的小企业成长为同行业领先企业。对于这家仪器公司，姜涛充满了感情：因为公司的培养和给予机会，加上他自己的能力和实力，姜涛由一名普通的sales，一步步晋升为华北大区销售总监。

作为销售总监的姜涛很快吸引了同行其他企业的挖角。其中一家外企大公司开出的优越条件，让姜涛很纠结。毕竟离开伴他5年拥有深厚感情的公司和同事们，姜涛有些舍不得；而且跳槽去新的大公司，发展也是个未知数。

最后姜涛按照一位人力资源专家的建议，进行了职业倾向性和职业满意度的双重测评，综合分析之后，姜涛得出了这样的结论：待在原公司不动。

原来，根据测评，姜涛属于积极开拓型外向性格，适合待在"活"公司。新公司虽然规模很大，开出的条件很好，职位高级、薪资倍增，但因为属于定型公司，成熟的制度文化对于"野性"的姜涛来说略显束缚。而目前的公司规模中等，尚处于发展高潮期，发展空间还很大。姜涛作为元老级员工，对于公司的运作方式、管理制度、企业文化、用人制度都非常了解，在这里他觉得最自由。此外，姜涛的目标是总经理职位，晋升空间还是很大的。综合考虑之后，姜涛坚定了在原公司工作的信念。

一个勇于开拓，喜欢广阔发展空间、创新与挑战的人，和一个平静安稳，条理性强，接受规则，接受制度的人面对这两个职位会有不同的选择，重要的是要知道你是哪种人，不是么？

进入大公司工作，可以感受到较规范的公司管理和企业文化等。福利好，制度完善，还能得到各种培训机会，甚至还能短期出国学习。大公司还能为你提供在不同环境中与不同的人共事的机会，有利于结交朋友……但是，由于大公司组织庞大，繁文缛节比较多，运作不如小公司灵活。新进员工必须从最底层的工作岗位做起，竞争对手众多且都具有良好的教育背景，所以，想在其中脱颖而出很难。大公司分工又过于细致，工作时间一长可能会感到单调，同时也不利于对整个领域技术的全面掌握。

而小公司最直接的好处是参与公司从小到大的创业过程，能奠定个人事业和经济基础。由于小公司人员少，升迁机会大，甚至你有可能一开始就被委以重任。在小公司里，你不会被视为"附属品"。可能薪水会稍低一些，但更具挑战性。公司期望每个职员都竭尽其能，因此你将能接触到运作一个企业的全过程。

大公司有大公司的好，小公司有小公司的妙。关键是你的性格、兴趣与什么样的公司匹配，以及你想要从这家公司得到什么。如果你是一个个性积极富有冒险精神的人，可以考虑小公司或高风险高机会的公司；相反，个性稳健型的人以大公司优先。如果你的职业目标是成为一名职业经

理人，那么大公司的工作经历就有利于提升自己的职场地位。大公司复杂的组织运作能帮助你了解种种职场游戏规则。但是，如果你将来有志于创业，那么大公司的经验则可能成为一种障碍，在一种成熟的企业文化下容易养成一种按部就班的行事风格，过分职业化有时也会逐渐消磨个人的创造性，过分官僚化和组织结构的多层化会让人沉湎于公司内部政治中不能自拔。

HR智谏：

选对池塘钓大鱼。真正的好公司是具有很强的针对性的，你根据自己的职业规划和人生追求的不同阶段而应有所区别。好比看一个池塘好坏与否，并非看其形状、地势以及所在的位置，而是看是否有需要钓的鱼，你在选择公司的时候，要从内在需要出发，而不是公司外在的规模和形态。判断一个公司的好坏，其标准是你的工作价值观、公司的价值观、公司发展现况、企业文化等相互之间构成交集的多少。

九、你让公司感觉到你的存在了吗？

某君在一大公司就职，当他自觉不受重用、前途渺茫而呈交辞职信的时候，上司一脸错愕。他窃以为上司要挽留之，暗喜。殊不知，就在他转身关门而去的瞬间，上司拨通了另外一位下属的电话："×××是咱们部门的吗？"原来，上司几乎都不曾留意他的存在。

有些年轻人喜欢抱怨：自己日夜奔波、埋头苦干，却一直得不到上司的赏识，升迁加薪总是与自己无缘，不辞职能行吗？

拼命工作却不能升职，相信不会简单到只是老板的过失。有没有想过，这也可能是自己一手造成的呢？

王惠是个勤奋踏实的女子。自大学毕业后在某外贸公司到现在，她既没有犯什么错误，也没有为公司建立什么丰功伟绩。同事们都说她是一个很敬业的人，上司对她的评价也是个工作很认真仔细的员工，她的职位却总是原地不动。

经过深刻的反思，王惠发现了自己的问题。一向内敛低调的她，平时见到老板都习惯性地绕道走，甚至完成了一单大的项目却被他人邀功抢去风头时，她也毫不介意。因为她一直都认为，"金子始终会发光"，埋头苦干终会得到老板的赏识。

很多职场人，像王惠一样习惯于坐等上司的青睐。一味被动地等待上司乃至老板的发现是极为愚蠢的想法。上司和老板的头脑中不知有多少事要考虑，多少关系要处理，你勤恳的工作态度他们固然不会视而不见，但

若指望他们能够自动接收到你的晋升企图信号，实属奢望。

管理学上有一个"二八原则"，讲的是企业里面80%的员工的工作是不被领导注意的，但他们负担了企业工作的主体部分，而另外有20%的人由于工作特别优秀或者特别差会被公司领导注意。毕竟，企业领导能够直接观察到的人是比较少的。

由此推理，如果你做的工作是一个与其他岗位发生面对面关系比较少的岗位，不处于中枢，单做好你自己的工作还是不够的。你必须注意让你的上司去了解你的工作，注意到你。

拉瑟尔·瓦尔德在《上司的游戏》一书上曾说过："像老黄牛一样只知道埋头苦干已经不能对你加薪或提升有所帮助了，你必须让上司知道你的存在，要不然你就会被遗忘。"

任何时候，机会都不会自动找到你，一个人只有不断地、醒目地亮出自己，吸引别人的关注，才有可能寻找到机会。

这个道理对于很多职场人都不陌生，但还是有很多人不肯展示自己。在职场中，虽然没有人关注会让你过得很轻松，但你也会因此而失去许多成功的机会。

心理学家指出，每个人都有一个舒适区域，在这个区域内是很自我的，不愿意被打扰，不愿意被推进。在走上工作岗位之后，个体一定要改变这一现状。一个停留在心灵舒适区域的人，会消极地听取领导的话语，消极地待命，麻木地完成上级交给的事情。但从来不关心此事以外的任何事情，更不会想到多做一步，让接下来的别人的工作更加容易上手。而敢于打破这个舒适区域的人，敢于在适当的时候提出自己的看法和不理解，并在得到上级认可和指点之后把手头的工作尽快地完成，并随时接受别人的批评和调整。

上述案例中的王惠，在发现整日埋头苦干，"俯首甘为孺子牛"，却不懂得适时"抬抬头"，成为自己的职场大忌后，她决意改变。她也不再做

"沉默的羔羊"，而是变得积极主动起来。一向脸皮儿薄的她学会了定期向上司汇报工作、及时咨询上司意见的习惯；在部门会议上，她开始参与讨论决策，踊跃表达自己的意见了。在一次大型提案会议上，由于精心准备，王惠的提案充满亮点，给恰好驾到旁听的老板留下了深刻印象。慢慢地，王惠参与重要项目的机会悄然增多了，因为主动承担责任，并出色完成，王惠在很多同事面前树立了威信。后来她被提升为项目经理，随后的升迁之路一发不可收拾。

职场成功与否是由3个要素组成的，即专业表现、个人形象、能见度，其中能见度所占比重为60%。从某种意义上说，职场考验的不是你是否做得好，而是是否懂得醒目却又不刺眼地亮出自己。王惠摆脱职场失意困境的诀窍正是，提高了自己的"能见度"，简单地说，就是让自己的老板能看得到她的出色表现。

老板当然不喜欢笨、懒、慢的人，但如果你整日埋头苦干，"俯首甘为孺子牛"，却不懂得适时"抬抬头"，老板又怎会发现你这匹千里马？

具体而言，作为职场新人，如何才能引起上司的注意，并表达出晋升的意愿呢？

首先，利用30秒电梯理论。该理论来自麦肯锡咨询公司。当你有个好建议却无法敲开领导的办公室大门的时候，你可以为自己创造机会，与上司同乘一部电梯。一幢30层的大楼，电梯从底层到顶层的时间大约是30秒。假如电梯里就你俩人，你就可以说："您好，我是某某，我有一个建议不知是否合适？"他们可能就会"哦，啊"地跟你应付。等30秒后，如果他觉得你说的建议很有道理，他会说，"有时间跟您详聊"。一般情况下，他回去就会告诉秘书："我要和某某谈谈，给我约个时间。"当然，类似方法很多，未必非要在电梯里，最关键的是，30秒钟的时间里，你要找到对方的兴奋点，调动起对方的热情，让他找你。

其次，秀出你的胆识与远见。企业领导者更重视那些敢于表达不同观

点的雇员。这些人的见解，常常能使公司避免重大损失或陷入困境。1997年，意气风发的延俊华从清华大学毕业，很幸运地被深圳华为公司看中。在这个知名大企业里，他并没有像大多数初入职场的年轻人那样谨小慎微，而是表现出了"初生牛犊不怕虎"的精神。刚工作没几天，他就经过一番资料收集和市场调研，给华为老总任正非写了一封《千里奔华为》的信。在这封信中，延俊华十分尖锐地提出了华为目前存在的问题，并有针对性地提出了一系列非常系统、切实可行的建议。这封信彻底改变了延俊华的事业之路。一个刚出茅庐的新员工就给这么一个各方面都已成熟的大企业写信，指缺点、提建议，实在是件很引人注目的事，也是多数人难以做到的一件事。延俊华此举引起了总裁任正非的极大兴趣。任正非读完他的信后，感到非常欣喜，称延俊华为"一个会思考并热爱华为的人"，并当即决定提升他为部门副经理。

再次，用行动让上司看到你的进取心。这往往是提拔人才的主要标准。作为员工，不应该只要求自己做好自己分内的事，要不断地去尝试不同的任务，就算是很艰难的工作也不能放弃，即使真的无法完成，也可以提提建议。但一旦任务落到身上，就要尽全力做好，不要觉得这不是应该做的就不理睬，即使是额外的也要欣然接受并努力完成，敢于接受一些新挑战并把它们完成得很漂亮，可以使你在上司心目中的好感增强。

在一家财务公司工作两年后，陈丽获悉自己将接任客户服务经理。然而，她只是被分配去做一般的客户服务，而公司最核心的工作——客户财务培训，却没有她的份。两个月后，公司需要为一家公司设计全新的培训大纲，由她的上司负责，但上司要出国，那家客户公司又是新的行业，其他同事不敢轻易一试，陈丽于是毛遂自荐："我相信自己的创意能力，又有设计和写作经验，不如让我试一下，就算不尽如人意，这对我以后的工作也会有好处。"在深入的调查后，她完成了此项工作，根据她的大纲写出来的培训材料深受欢迎。没多久，陈丽便被提升为所在部门的副经理。

另外，非常时刻让上司看到你独当一面的实力。上司和客户都很佩服那些临危不乱的人，但他们更喜欢那些面对危机不但能稳住阵脚，还能找出解决方法的人，所以只要你能在面对困难时不乱阵脚，并想法妥善解决，你就已经占有优势了。当公司有新成员时，你可以自动请缨带他了解公司状况，让上司认为你是一个很热心、很有领导能力的人。

最后，要适时讲出你真正的需要。你如果想升职，就必须让管理层知道，把你的目标和专长直截了当告诉他们。如果你不这样做，会失去晋升机会。当职位出现空缺时，上司会任命别人，根本不考虑你。因为他们没有意识到你对这个职位感兴趣。确保不要发生这种遗憾的唯一办法就是事先清楚地告诉上司你对这个职位感兴趣。多花一些时间构思改进工作的计划，找机会跟上司会面，陈述你的目标。在老板肯定了你的敬业精神之后，适时讲出你真正的需要，这样反倒会让他觉得你是一个了解自己并充满自信的人，从而委以重任。

HR智谏：

你可以任性辞职，但是无法摆脱这个社会。和顶头上司搞好关系，并不是拍马屁，毕竟，管理好自己和领导的关系是提高工作效率的重要途径。职场虽不是"秀"场，哗众取宠不可取，但适当提高自己的"能见度"，也算是一种职场智慧。

Lesson 3

逃避不是办法：
不要被人际潜规则吓退

跳槽的一大主因就是人际关系："现在的公司人际关系太复杂了，明争暗斗太多了，我觉得自己适应不了。"有一句俗话叫做：天下乌鸦一般黑。现在的公司在你的眼中是阴暗的，下一个公司亦如此。

　　职场就像江湖，理所当然充满纷争。大家为了一个共同的目标——利益走到了一起，自然会因为利益而冲突。人际关系说复杂就复杂，说简单就简单，关键在于你自己。你没有必要卷入是非中，你也没有必要逃避，你所要做的是适应。

一、隔板间里的"孤独地狱"

数据显示，超过半数的人跳槽是因为人际关系问题。有的人以为惹不起、躲得起，其实不然。如果仅仅因为与上司关系不好就冲动地想跳槽，而不考虑自己职业发展的连贯性，即使跳了，也只是换汤不换药。如果工作、收入还可以，不要因为人际关系忍耐不下去，换了地方还是如此，不如就在现有单位挺住，对周围的人和事还熟悉，容易对付过去。换公司、换行业都不能解决根本问题，到了新的单位，重新了解，很不容易。对于漫长的职场生涯而言，人际关系也是一道坎，只有迈过去，才能谈发展问题。迈不过去，在哪里都很难适应。

有一个做IT的H先生，一直都从事网络管理的相关工作，拥有8年经验，月薪却只有4 000元。这位精通网络管理知识的H先生，在多家企业待过，一直都没有进入管理岗位。并不是没有一家企业考虑要重用，最后的一家企业经理这样评价他："他是一个纯技术型的人，肯花时间在技术上进行钻研；但是又太执著于技术，一旦有一个公司的信息化项目让他来执行的时候，他会把技术摆在第一位，而不考虑人际关系。本来我考虑给他几个项目，再给他配备几个人，把公司的一些工作做起来的，这样也可以减轻我的工作负担；但是他在沟通与协调这一块过于幼稚了一些，现在他与业务部门之间已经出现了大大小小不少的摩擦，每次都是我去善后；同时与部门同事之间也不能摆正自己的位置，总觉得自己是老资格了，摆足了谱来对待同事，结果同事对他也有不少意见。我试图跟他谈过几次，

但似乎见效并不大。最后，我只有把他放在做前沿技术跟踪，与机器而不是与人打交道的工作上了。"

H先生的经理告诉我们，一个人的业务能力再强，如果不重视人际关系，很难有大的突破。从整个职场生涯的发展趋势来看，个人的事业成功在初期主要依靠自身的教育背景和职业能力，上升到中高期时就会遇到人际沟通的阻碍。不明白道理的人，往往会莫名其妙跌伤。

很多新人抱怨说："经常都不知道自己哪句话说错了，领导的脸马上就阴了。"还有新人抱怨说："每天超过一半的工作时间都用在了上上下下的沟通上，几乎没有更多的时间来照顾自己的本职专业或业余爱好。"

很多人尤其是职场新人往往不注重人际关系，往往认为做好本职工作就万事大吉，其实不然。在这个越来越强调人际交往和互动的现代社会里，仅仅凭自己的本事去开辟一个新的生活空间，或者仅仅做好本职工作，就想脱颖而出获得成功，似乎越来越不可能了。所谓树欲静而风不止，你可以安分守己，你可以无欲无求，但是别人未必就会因此看你顺眼。

公司里每个人的表现都不断地受到来自上司、客户、厂商、同事、下属以及其他一些很重要的人的观察和评价。每一天，通过你在与别人打交道过程中所做出的每一个点点滴滴的举动，这群人中间会有一些人形成对你的某些看法。

你觉得你的上司看你不顺眼，于是就躲得远远的，这根本解决不了问题。必须认识到这样一个事实：你在为公司打工，你在为自己工作，但是首先，你是在为你的上司工作。你必须和你的上司处好关系。你能不能升职，你的顶头上司的意见可是很重要的。尽管你十分努力，由于上司的个人因素造成优秀的你该升没升，这是最令人沮丧的。能干的人有的是，不缺少你一个。最终决定你能不能升职的关键因素，不是你的工作业绩，而是有多少领导在关键的时候肯为你说话。如果你不幸遇到有特殊标准的上司，而你又没有上司所欣赏的特殊经历，不管你干得多么卖劲、多么优秀，被提拔的概率远远低于有此经历者。顶头上司会成为你升职的障碍，这一点不难理解。因为你的升职直接影响到他将来的职业生活。即使你没有直接威胁到他的公司地位，他的地位随着你的升迁水涨船高，但是你很大可能还是要和他待在一个部门，如果你让他觉得"不和谐"，那么他就会觉得有危机感。与其后来不舒服，何不扼杀在摇篮呢？

除了与上司搞好关系，你还必须与同事处好关系。一个人不可能独立地在社会中生活，人与人之间的合作是我们社会生存和发展的动力，也是个人实现自我价值和奋斗目标的前提。一个无法正确认识同事关系的重要性，不会合理、妥善地与同事交往又不善于利用这种关系的正面效应的人，是很难立足于这个瞬息万变的新时代的。H先生正是因为不懂与同事合作的重要性，致使无法晋升。即便上司欣赏你，如果同事对你抱怨连天，他对你的提拔也会重新考虑的。

除了普遍在思想上不重视人际关系之外，一部分新人则患有一定程度的人际恐惧症。

h小姐刚毕业后，好不容易找到了一家公司做行政秘书。初来乍到，她事事小心翼翼，每天都提早到公司，擦桌子、帮同事清理桌下的垃圾桶、整理报纸，一心想给领导和同事留个好印象。但在公司8个小时，除了看公司文件就是看报纸，同事们都各忙各的，无暇顾及她。中午，大家都各自结伴去吃饭，只有h小姐一个人独自吃饭。即使和同事在一桌吃饭，她也不知道该说什么，只能当听众。工作两个多月，和同事都认识了，但也只是见面点个头而已，为此h小姐非常苦恼。

h小姐的表现就是典型的社交恐惧症：因为担心自己会做出丢脸的言谈举止，而害怕自己成了别人注意的中心。心理学认为，恐惧社交的根源在于对自我的认知偏差，不敢正视自我，完全否定自我。这类人太在意别人对自己怎么看，而对自己缺少应有的自信。不敢当众表达自己的感受，不仅自己活得很累，也让别人感到不舒服。

面对陌生的职场环境，职场新人，往往会出现一段时期的"社交空窗"，常常因此更加在意自己的举动，潜意识里把自己固定在新人的角色上，处理人际关系时，容易拘谨、害羞、多疑和无所适从，总感觉自己落了单；不好意思接受他人的关心或帮助，只顾自己埋头苦干，结果事情不见得做得好，还容易给人造成"这个人很清高"的误解。这也是作为职场菜鸟者最容易感到苦闷的事情。

克服社交心理障碍的关键是正确地认识自己，敢于暴露自己的缺点和不足。每一个自闭的职场新人不妨记住这样一句话：每个人都没有缺点，只有特点。把自己优点与缺点都归结为一个中性词：特点，通过这样的转换与暗示，解放自我。只有自己内心的"结"解开了，才会向外"结"交。不要太在意别人的评价，别人不会因为你的特别在意而提高对你的评价，你的表现也不会因为特别在意而提高，相反还会因为你的特别在意而影响正常水平的发挥。

最重要的是多练习与人交往。在美国，有一个专门帮助那些不敢和异性说话的人克服害羞心理的"害羞诊所"。这个诊所的心理学家不相信什么心理暗示疗法，什么童年回忆之类，他们相信练习。他们认为使人害羞的并不是事情本身，而是我们对事情的观点。他们的做法是设计各种不同难度的场合，从在房间内集体对话到直接跑到大街上找陌生美女搭讪，安排接受治疗者在一个疗程之内跟 130 个女人聊天。那些不敢和自己同事交往的新人，不妨学习"害羞诊所"提供的做法。

HR智谏：

一个人在职场获得成功，只有 15% 靠专业知识，另外 85% 主要靠人际关系和处世技巧。在提高自己职业技能的同时，一定要注意提高自己的人际交往情商，综合提高自己的职业竞争力。

二、从 45°、135°到 180°

"我太幸运了，遇到了这么好的老板！"M一直很崇拜自己的上司，在他的眼中，上司是自己职场上最完美的榜样，他仪表堂堂，谈吐总是得体，行为职业化，办事能力强，为人既威严又有亲和力，总之具有很强的人格魅力。因此，上司让干什么就干什么，但凡上司交代的任务，他从来都不问为什么就执行得很到位。M的问题是，因为上司在自己的心中太完美了，他反倒不会和上司打交道，具体说，就是"惧上症"。他也不知道是为什么，不论大事小情只要是和上司有关的他都会产生心虚的感觉。平时也不太和上司聊天，连发一封电子邮件他都会想了又想才发送出去，看着别人都能够和上司相处甚欢，他羡慕又郁闷；等到自己不得不和上司沟通的时候，一和上司讲话不是脸红就是结巴，明明想好的话，见了上司，就说走样。

"我的老板就是一头猪！"m刚毕业于某重点本科学校，他的上司只有专科文凭，从一开始，m就觉得郁闷，自己堂堂重点大学本科生，居然要听一个和自己年龄相仿的专科生吆五喝六的。工作一个星期后，m就发现这个上司不如自己。有时候上司"指导"工作，云里雾里地说了一大堆，也不明白他在说什么。m总是看不起上司的决策，总觉得他的想法土死了，自己要是长期在这样的人手下做事，一定会使自己的层次降低，想到这些，m就觉得早辞职为妙。

在职场，新人最容易犯两种错误：盲目崇拜自己的上司和盲目看不起自

己的上司。前者往往像 M 一样仰视自己的领导，把上司奉在高位，对上司的话全盘接受，无条件服从，缺乏了起码的分析能力。同时因为太过崇拜，导致"惧上症"，这些最终会对职场生涯不利的。根据群体心理学的研究，任何生物体，无论是一群动物还是一群人，一旦以一定的数量聚集起来，都会出于本能而寻求某个权威并置身于该权威的领导之下。一个群体是一群驯顺的动物，没有领袖人物来当家做主就无法生存。这样的群体对忠顺的渴求是那样强烈，以至于会出于本能地把自身交付给一个自命为群体之王的人并甘愿受他的统治。在这种强迫自己仿效别人做法的现象里，个人完成丧失了批判能力，这对于个人来说是危险的。在职场，迷失自我的结果是很可怕的。

后者则像 m 一样，自视甚高，对领导不如自己的地方很容易放在眼里，并嗤之以鼻。觉得让不如自己的人来领导自己，实在不公平。有时候，你的领导并非就像你所认为的那样笨，你认为他蠢，只是你看问题的角度和你所处的地位局限所致。作为新人，你在公司的底层，当你用组织底层的眼光看问题时，你对高层的看法可能是完全错误的。同样一个问题，群体顶层的人就很容易理解，因为他们从上往下地观察问题就会变得一清二楚。有时候从你的角度来看分明是愚蠢的行为，却有着你所不能了解的更深层次的原因。而其中缘由只有身经百战的领导能够明白。遗憾的是，职场新人就爱固执地相信自己幼稚的判断。

退一步讲，即使你的上司真的在做事能力上不如你，这也很正常。上级所应具备的技能和下属是不同的。正如余世维所指出的那样："老板不是专家，上级也不是专家。你的上级是不做具体事务的，他只是负责协调人力、物力，进行资源的合理配置。所以，你作为下属，在某些方面比上级强是应该的、正常的。"事实上，上司之所以成为上司，肯定有超过你的地方，尽管你在某一方面和某几方面都比上司强许多。也许上司有千款万条不如自己，但他肯定有些地方是自己暂时所不能够超越的，比如年龄、经验、某些方面的资源、阅历、性格、某些特殊的技能、知识、与整个企业组织的感情资本，与上司的上司或其他周边关系相互的了解程度高，或使组织刚好处于微妙的平衡状态，或与某人刚好互补关系等。而这些也许正是组织需要的，而你恰恰不具有，所以应该客观地看待这一问题。成为上司，绝不是简单的一条业务能力强就可以出任的，如果简单到如此程度，世界就退回到简单的毫无生机的机械运动状态，事实上这是不可能发生的事情。

M 和 m 看似犯的是截然不同的错误：前者以 45°角度仰视自己的领导，害怕与领导打交道；后者以 135°角度鸟瞰自己的领导，不屑于与领导打交道。实际上，两者都是不成熟的表现，在本质上一回事，就是没有把上司当做"人"来对待，而是当做一个"职位"来看待，充满审视性地看待自己的上司，而未能以 180°水平角度客观理性地看自己上司这个"人"。

在职场，有两种人不会有大发展：第一种是不按上级指示办的人；第二种是仅按上级指示办的人。为什么这么说呢？上司与下属实际上是一个利益共同体，共同的目标是取得公司和雇主的最终满意。上司的最终追求就是所有下属能融为一体协调一致，既能互相信任听从指挥又能有自我思考，能及时反馈信息给他的智能团队。一个下属不愿或者不能与自己的上司很随意、很和气地相处，他也就不可能取得上司完全的支持与信任，他开展工作的难度就会更大。

如何水平地看待自己的上司，并与之和谐相处呢？

尊重放在第一位

无论上司水平比自己低多少，都应尊重上司，这是最起码的职业意识，没有这一职业意识，无论到哪里都是会很难受的。不论他是否值得敬佩，你都必须拥护他。越是能力不强的上司心里越强烈地希望得到部下的拥护。上司处在上司的岗位，不是上司多么伟大重要，而是上司的岗位重要，你最起码应该尊重上司这个岗位，既然组织设立了上司这个岗位，那

么这个岗位理应受到下属岗位的人尊重。

降低期望值

别把期望值定得太高，希望越大失望越大。如果期望值过高，美化上司，后果可想而知，巨大的落差带来巨大的失落感，觉得这公司真糟糕，怎么会让这么个烂人做领导？巨大到原来可能他只有20分糟糕而在强大的失落和愤懑中感觉有80分。如果期望值比较低，原来就预计他有40分糟糕，结果发现只有20分，反而会觉得这份工作还不错，没你预期的那么糟糕。

学会换位思考

别遇到什么事都去抱怨上司的不对，站在上司的角度想一想。遇到自己不理解的问题，要多从领导的角度去思考。

支持和帮助上司

无论上司完美与否，你都应该尽力帮助上司工作。支持上司，帮助上司并不是讨好，拍马屁，而是组织工作的需要。企业组织的发展是需要组织全体成员群策群力，需要大家共同的智慧和力量，只不过上司代表大家实现组织目标。你把智慧和力量贡献给上司，就是贡献给自己所在的组织单元，最终受益的肯定也有自己。

HR智谏：

在处理与上司关系的时候，不要把他看做是智商太高的人，要把他当老小孩看，处处让着他，举止要尊敬中体现关心，亲切中保持距离，这样的尺度对你肯定是有利的。

三、心腹与大患 & 靠山与火山

在职场，几乎每个人都抱着"一定给上司留下好印象"的希望。许多年轻人认为，只要和上司像朋友一样相处，就会前途无限光明，然而，这是一个误区。

当发现自己与上司非常合得来之后，小 N 曾经有很长一段时间，为了取得上司的信任和认可，极尽讨好之能事。有一段日子，小 N 做了近乎 3 个人的工作，无数用于逛街看电影的时间都给了工作，久而久之，小 N 和上级的关系变得如自己预想般亲密。每当为上司鞍前马后奔波劳累到疲惫不堪的时候，小 N 就告诉自己："只要有升职加薪的机会，他一定会优先考虑我的！"半年后，一次晋升，上司并没有考虑他，N 绝望地跳槽了。

小 n 毕业后一直跟上司关系不错，上司处处关照，传授小 n 业务知识也毫无保留。n 暗自庆幸，自己遇到贵人。有一次，上司带 n 去谈客户的时候，给了小 n 一个红包，告诉说：这是对方给的，利益均沾。小 n 确定自己成为上司的心腹，自此打心眼儿里对上司充满感激。后来，公司业务下滑，即将裁员，同事都人心惶惶，唯有小 n 自信满满，作为上司的心腹，哪怕部门只剩下一个员工，那一定是他。然而，事实上，小 n 第一个出局。小 n 想找上司问个究竟，但他没来上班，打他的手机，关机。毫无疑问，上司早有预谋。气愤之下，小 n 想去找老板，揭穿上司的老底，可是刚迈出两步，理智又把他拉回来。毕竟自己也参与了那些事，一旦抖出来，不是搬起石头砸自己的脚吗？哑巴吃黄连，小 n 只能黯然离去，第一

段职场生涯就这样莫名其妙地画上句号。

小 N 和小 n 犯下的共同错误就是信奉职场上"关系就是生产力"，和上司的关系过于亲密。在中国人的普遍心理中，最相信的是"关系"，以为关系就是生产力，关系可以决定一切。在构筑未来的发展空间时，往往首先想到的就是攀附关系、寻找靠山。其实，把一切成败寄托在关系和人情面子上，实际上就是想绕过一切正常的规则，取得某种凌驾于制度之上的特权，从而获取具有垄断意义的机会和利益。事实恰恰相反，关系很多时候也是导致前途尽失的毒药。等到你成为上司"心腹"的那一天，也意味着你成为上司心头大患，当你的"靠山"顷刻变为"火山"，你的事业也就寿终正寝了。

在职场，新人应当牢记这样一句名言：你的领导可以经常拍你的肩膀，但你永远别拍领导的肩膀。一方面，你要认清这样一个现实，每个上司都希望有自己的忠实部下。只要有人就会有矛盾，就会有猜疑，就会有隔阂。在上司的位置上，凭一己之力，很难向下延伸，而要做出正确决策，又必须对复杂的外部环境有准确的把握，尤其是对作为企业最重要资源的人的关系，一个处理不好就会毁了整个企业。另一方面，不要去做领导的心腹，因为很多心腹就是作为人际关系的收集者和监督者存在的，其所带来的负面影响有时远远超过其积极作用，"心腹"的程度越深，其危害越大。小 n 的经历告诉我们，一个掌握上司秘密的人，一个参与过上司阴谋的人，都是岌岌可危的人。如果你参与了别人的阴谋，从好的方面想，你是他的心腹；但换个角度思考，你也是他的心腹之患。在东窗事发之前，上司一个小计谋就可以让你的职位不保。

在职场，必须接受这种上下"关系"的变化无常。从上司的角度看，他必须与自己的下属保持一定的距离。私人关系、私人感情超过了工作关系，将会对其威望产生不良的影响。他担心你对他的思想感情，包括个人隐私过分了解，这样他就会降低威信。同时，任何领导在工作中都要讲究方法，讲究艺术，讲究一些措施和手段，如果员工把一切都知道得一清二楚，这些方法、措施和手段，就可能会失败。

从下属的角度来看，与上司私交过密，未必对你的前途有帮助。其一，为了避嫌，你的上司在决定晋升或者加薪名单的时候，可能为优先考虑"非自己人"，以正视听，对作为"自己人"的你，上司会习惯性地期待你主动为他着想。其二，即便你的上司把你扶上位了，你跟上司太亲密会让人怀疑你的工作能力。无论业绩多突出，综合能力有多强，都会被扣上"靠关系上位"的帽子。上司是被贴上了"特别对待"标签的同事，与之亲密，等于抢了同级同事的共同财产，难免会被同级同事说三道四、指手画脚。

在职场，你可以与上司关系无限和谐，但不可无限亲近。也许有时你很讨上司的赏识，是上司手下的热门人物，但一定要懂得自己与上司保持一定的距离，别忘了上司就是上司，下属就是下属，你们不是一个级别的同事，你们的关系是领导与被领导。

如何与自己的上司保持适度的亲疏关系呢？

工作上相辅相成，私底下过得去

在工作上，不要在上司的办公室里一谈就是半天，哪怕是为了工作，以免给他人留下"你是他的心腹"的印象。其实你不妨用报告或 E－mail 的形式汇报工作和提出建议。了解领导的主要意图和主张，但不要事无巨细，明了到他每一个行动步骤和方法措施的意图是什么。这样做会使他感到，你的眼睛太亮了，什么事都瞒不过你。那么他工作起来就会觉得很不方便。在私底下，尽量减少单独在一起的时间，比如吃饭、喝酒、K 歌、逛街、一起回家、运动等。减少开玩笑的机会和次数，频繁的玩笑会让别人以为你们的关系已是非常亲密。最重要的是，千万不要牵扯上司的生活，如果他经常需要你帮忙做一些私事，最好还是找个站得住脚的理由，

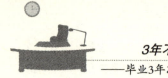

巧妙回绝为佳。注意千万不要窥视领导的家庭秘密、个人隐私。你可去了解上级在工作中的性格、作风和习惯，但对他个人生活中的某些习惯和特点不必过多了解。

如果是异性关系，拒绝发生感情纠葛

千万不要和异性上司有被人认为是不清不白关系的行为。在办公室这么小的地方，想瞒是瞒不住的；一旦你们的关系曝光，你很可能成职场上的"孤家寡人"，无法取得他人的配合和信任。一旦老板发现了你们的关系，也很难容忍。

学会选择性地拒绝你的上司

假若你不能坚持自身的价值观，不能坚持一定的准则，那只会迷失自己，最终还是要影响工作的成绩，以致断送自己的前途。当上司在工作之余额外吩咐你帮他办一些私事时，你要以自己的时间错不开或者工作上的任务来拒绝他，拒绝的理由一定要光明正大，拒绝两次之后他就知道你的意愿了；当上司要求你做违规或者违背意愿的事时，你要尽量保持平静的心理，委婉地解释你对他的要求感到不安。

HR智谏：

与上司公私分明坚持有两大原则：不能让私人关系妨碍到处事公正，对自己的朋友和其他同事要以同样的标准来对待；不能让私人关系影响到自己情绪，以职业的态度处理工作。

四、圈子与圈套 & 友谊与利益

社会心理学中的相近理论认为，人们在空间或心理上的接近会在情感上产生亲近感。经常合作的同事，有更多的机会进行工作、生活、思想上的沟通和交流，而且合作的时间越久，交往的次数越多，相互之间的情感也会越来越强烈。但是，职场无友谊，大家一起共同做事的唯一目标是谋取生存利益。这一个"利"字注定了同事之间只能"君子之交淡如水"。

a、b、c、d 是同一家公司无话不说的好同事关系。在 3 人中间，a 学历最高，业绩最好，但是年龄最小，不但没有工作经历，为人处世也没有任何经验。在一次职位评估的前几天，a 单独约 b 吃饭时 b 对她说："d 这个人表面对你嘻嘻哈哈的，其实他特别喜欢在背后给领导打小报告，今后你不要和 d 走得太近了，上次我跟 d 说了公司经理在用人方面的一些失误，谁知道第二天 d 就把我的话告诉经理，让我特别难堪。"a 听了非常吃惊，同时也开始提防起 d 来。

过了几天，a 和 c 一起喝酒，在喝了几杯酒之后，c 对 a 说起了自己求学中的坎坷经历，让 a 觉得与自己的经历很相似，同时也使自己和 c 的心一下拉得很近，a 想也没想，就对 c 谈起了 b 对他说的秘密。a 还补充说："你不要告诉别人啊，只是我们关系好，我才告诉你，我只想让你以后跟 d 打交道注意点，有什么话都不要当他的面说!"没过几天，a 被公司开除了，原因是经理发现 a 在公司散播谣言，不但影响上下级关系，还影响了

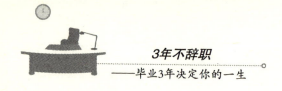

公司团队关系。a从经理的办公室出来，她看到了b、c、d三个人依然在办公室里有说有笑。

很多职场新人在进入公司之后，急于和同事搞好关系，会盲目地相信自己的同事，会和同事交心做朋友，以加入某个小圈子而沾沾自喜。实际上这样做是有风险的。就像a的遭遇那样，圈子搞不好会成为圈套，毕竟在利益面前，办公室友谊变得很脆弱。要明白一个事实：同事就是同事，不是朋友。不能对同事有过高的期望值，否则容易惹麻烦。在办公室里，谋求职业发展是第一位的，友谊是第二位的。友谊是办公室生活的附加品。期望别人为了友谊牺牲自己的主导价值，本来就不现实。

不仅要学会和上司保持理性的距离，与你的同事也一样。管理学上有一个著名的刺猬法则：两只刺猬在寒冷的季节互相接近以便取得温暖，可是过于接近彼此会刺痛对方，离得太远又无法达到取暖的目的，因此它们总是保持着若即若离的距离，既不会刺痛对方，又可以相互取暖。这种刺猬式交往形象地说明了同事之间应该保持着不即不离的距离，不要过于亲密。同事之间过于亲密，会像刺猬那样刺痛对方，影响各自在公司里的发展。

同事之间搞小圈子，本身就很有风险。在企业经营者眼里，员工应该彼此保持独立，这样最容易管理。如果几个同事过于亲密，搞小团体，雇主会认为你们在搞办公室政治，影响公司的稳定。同时，他会担心你们有集体离开公司的嫌疑。几个同事一起跳槽，或者合伙开公司，让原来部门工作顿时陷入半停顿状态，是雇主最不希望发生的。虽然你们根本不曾谈论这些问题，但雇主一旦有了这种看法，就会防患于未然，压制与离间这个圈子。

在职场中，"零距离"接触只会令人失去安全感。同事之间，最好保持一定的距离。即使再好，也不要太近。

不要和同事金钱往来

俗话说："如果你想破坏友谊，只要借钱给对方就行了。"金钱借来借去一定会发生问题。办公室里本来竞争就多，与同事有金钱上的往来，会增加过多的竞争。同事之间的借债问题，能避免的尽量避免，要委婉回绝，加以妥善处理。

有关钱的问题，要切记以下几点：在社会上工作，必须在身边多带些钱；尽量避免借钱给别人；借出的钱可以不记住，借来的钱千万不要忘记；身边用钱不方便时，不要参与分摊钱的事。

不要和同事讨论上司

不论你是有意还是无意，在同事间随便议论领导者最容易惹是生非，所以还是不随便议论为上策。议论上司的是非，一个不小心，这些议论也许会成为别人的成事跳板，又或许，被某人听了去，传到上司耳中，以后让上司看你的时候难免戴有色眼镜。

不要和同事八卦隐私

每个人都有属于自己的私密空间，请不要轻易涉足，记住职场不是娱乐圈，你也不是一名狗仔。不要在公司范围内谈论私生活，无论是办公室、洗手间还是走廊；不要在同事面前表现出和上司超越一般上下级的关系，尤其不要炫耀和上司及其家人的私交；即使是私下里，也不要随便对同事谈论自己的过去和隐秘思想，除非已经离开了这家公司，才可以和从前的同事做交心的朋友；如果同事已经成了好朋友，不要常在大家面前和他亲密接触，尤其是涉及工作问题要公正，有独立的见解，不拉帮结派；对付特别喜欢打听别人隐私的同事要"有礼有节"，不想说的可以礼貌坚决地说不，对有伤名誉的传言一定要表现坚决的反对态度，同时注意言语

还要有风度。如果回答得巧妙，就不但不会伤害同事间的和气，又保护了自己不想谈论的事情。假如你有使用社交网站或部落格表达你对私人生活或工作不满情绪的习惯，绝不要让同事知道链接。你将必须清除留过的不雅网络言论，并从今开始停止这么做。

HR智谏：

同事，即共同做事，同事间应保持君子之交，保持一定的距离。可以共事，但不可以交心；要尽快融入同事的圈子，但是也要跳出小圈子。

五、傲慢与偏见 & 嫉妒与偏狭

张铮最近看自己的同事小黄怎么都不顺眼。要知道两人同为销售经理的时候，关系一直都不错。但再过几天，小黄就将被任命为公司华东区的总监，掌控整个华东地区的销售业务，直接成了他的上司。

这件事情让张铮很不高兴。因为，小黄的薪水涨了一大截不说，以后他还得向小黄汇报工作。如果换成另外一个人，也许张铮不会如此的不舒服。在他看来，自己毕业于名牌大学工商管理系，又拥有较丰富的工作经历，当初公司是以高薪将他从其他企业挖过来的；而小黄在学校、专业、入行的资历方面都没法与自己相比，现在居然坐到比他还高的位子，真是是可忍，孰不可忍。

"老子不干了！"张铮一气之下辞职了。

很多职场新人总会犯一个错误——总是接受不了自己身边的同事升职。因为一个平时和自己权力一样的人突然成为自己的领导，并且开始对自己的工作指挥起来，总会感觉别扭。于是就开始有抵触情绪，甚至会认为："他已经升职了，所以我们这些以前平级的同事在这里已经没什么希望了，不如跳槽另寻发展吧。"同事的升职并不代表你就没有机会了。如果你开始另找出路，等于是从头再来。如果另找出路之后你再次没有升职，难道再次从头再来？

没有人想过这样一个问题：为什么你的工作去留、你的工作态度会因为别人的职位升迁而发生变化呢？答案其实只有一个，那就是——嫉妒。

心理学家麦克杜格尔指出，群体成员总是存在这样一种幻觉，即他们能够得到他们领袖平等而公正的爱。而这个领袖本人却不必爱别的任何人，他或许在本质上十分专横，绝对的自恋，充满自信并不依赖于任何人。当其中一位群体成员认为这位领袖偏爱其他成员的时候，嫉妒和偏狭就产生了。

在很多人的眼里，老板是会偏心的，老板喜欢谁，谁就更容易升职加薪。所以人们就会自然地形成两派：一派认为自己要想办法去琢磨领导喜欢听什么，领导喜欢看什么，拍领导马屁好让领导也喜欢自己；另一派则认为这种谄媚的行为太恶心了，自己宁死也不这样，所以对那些和领导关系好的同事百般讥讽，对领导也故意冷若冰霜，一言不发。

实际上这都是做下属的对领导的误会。并不是说领导对每一个部属都是一样的看待，但最初时领导确实是一视同仁的。其实，领导在长期与部属接触的过程中，偏心是很正常的，不偏心才不正常。这并非是有的部属更会讨领导欢心，而是他们确实更能令领导放心，也确实更能给企业给团队带来更好的效应和更大的影响。很多人把过程搞反了，不是领导喜欢谁，谁就会升职，谁就会有机会干更多更好的项目；而是谁把事情做好了，甚至做得超出了领导的预期，所以领导才满心欢喜地把谁放到更大的平台上去发挥更大的价值。总之，老板喜欢谁是和业绩有关的，谁的业绩好老板就会喜欢谁。

当然有时候也确实存在一些极其罕见的情况——领导身边确实有只会拍马屁的草包。但那又有什么关系？如果他是草包一个，只是和领导有比较好的关系，那么这仅仅是属于小概率事件。既然你认为他是草包，那草包又能把你怎么样呢？如果你成天都在和草包计较，甚至最后你还输给草包，那岂不是说明你和草包一个档次，甚至连草包都不如？所以就由他去吧。

被老板提升的人必然有被提升的原因。当你嫉妒心起的时候，不妨冷静地想一想：是否所有平级同事中被提升者的业绩是最好的？如果他的业绩不是最好的，那么他的人际关系是不是最好？比如你们部门 6 个平级同事中是否有超过一半的人都佩服他或者愿意听他的指挥？如果是这样，那么对他的升职是无须质疑的。

这个时候你最应该做的就是对自己进行反思，为什么我业绩不如别人？为什么更多人愿意听他的指挥，而不愿意听我的指挥？你更需要从这个曾经平级、曾经在一条起跑线上的同事身上去挖掘去学习。如果你能学会尊重每一个成功的人，那么总有一天成功的橄榄枝也会伸向你。如果你对成功的人总是抱抵触心理，甚至仇视心理，那么就等于在仇视成功、抵触成功，所以你永远不会有任何出息。

平级同事升职之后多少会招来一些人的嫉妒之心，在他开展工作时很可能会碰到很多麻烦和抵触，如果你在这个时候能端正心态，意识到自己和他之间的差距，虚心学习，认真地帮助新领导完成各项工作，你们一定会成为一对好搭档，总有一天你们会再次并肩起跑。

从心理学的角度讲，"职场嫉妒症"往往隐含着很多深层的心理原因，具有"职场嫉妒症"的人，常见有以下几种心理症结。

其一，童年生活在大家庭里，曾经和兄弟姐妹竞争父母的关心和爱，总感觉父母更爱同胞而不爱自己，觉得委屈和不公平。成年后便会无意识地把童年对同胞和双亲的感情，转移到同事和领导身上，总觉得领导偏爱同事，自己受到了不公平的对待。

其二，个性过于追求完美，过于要强，总想把身边的一切都控制在手心，当发现不随他意的事情时，看到领导和同事并非他所能控制的，便会产生焦虑和心理失衡感。

其三，具有"自恋"人格，童年往往是被忽视的孩子，成年后总是渴望别人能关注、理解和赞美他，别人能为他服务，可是工作环境里怎么可能一切如愿呢？于是领导对同事正常的关心，都可能带给他"自恋性损

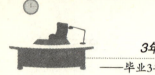

伤"，激起嫉妒和愤怒。

其四，具有偏执性格，总是假设别人是恶意的，总感觉到自己被攻击，这样戴着有色眼镜看世界，也容易对别人横挑鼻子竖挑眼，觉得同事取悦领导也是在和他作对，为此而忧心忡忡心怀嫉恨。

你，属于哪一类呢？无论你属于哪一种类型，都必须尽早克服你的嫉妒心。因为如果做不到这一点，你在任何地方都将待不长。

HR智谏：

一个人在嫉妒同事时，总是注意到同事的优点，却不能注意自己比同事强的地方。其实任何人都有不如别人的地方，当同事在某些方面超过你时，你可以有意识地想一想自己比他强的地方，这样就会使自己失衡的心理天平重新恢复到平衡的状态。

六、你无法选择谁做你的同事

　　小巧向公司人力资源部门递交离职申请书之后，人力资源主管找她例行谈话。当问及为什么辞职的时候，小巧说了一通在书上学来的客套话之后，人力资源主管合上了记录文件，希望以一个朋友的身份听听小巧的真实原因。毕竟，小巧无论是业绩还是人缘，在公司都很不错，此次辞职有些意外，所以人力资源主管亲自来征问原因，以研究公司用人出现了什么问题。

　　最后，小巧说明了真实原因："我对公司各方面都非常满意，领导和其他同事相处得也不错，就是媛媛总是和我过不去。她整天拍我们主管的马屁，本来公司没有其他的副职头衔，而她俨然是我们部门的二把手。表面上和我们嘻嘻哈哈，背地里总是使绊子。一方面总是打小报告；另一方面对我的工作处处刁难，我一直忍着。最近赶上公司做大庆，跨部门合作中我有幸分配到了一项大任务，我一心要抓住机会，好好表现自己的实力，没想到在总结会上完全被她抢了功。我觉得自己再也忍受不下去了，耗不过她，我自己走人。"

　　人力资源主管听完小巧气愤的表述之后，给小巧分享了这样一个职场道理："你可以选择自己的领导，但是你无法选择谁做你的同事。"在任何一家单位，都有像媛媛这样令人生厌的同事存在，但是这不能成为小巧们辞职的理由。时间久了，那些媛媛们的行为人力资源部门和公司领导其实都看在眼里，公司之所以没有开除她们，是因为这些人的存在有其必然的

价值。而老实本分的小巧们所做的努力，公司其实也早看在眼里，只是公司需要的是各种类型的人才，小巧们业绩好、人缘好，但也有不及媛媛们的地方。

每个地方都有像媛媛这样的"权术小人"，职场也一样。这些"权术小人"看似没啥真本领，但是其人际关系技巧之娴熟令人佩服，他们知道如何伪装自己在领导远见和能力方面的匮乏，并总是能够不择手段地保全自己，最终逢凶化吉。这些"权术小人"特别善于联络上司。可以说，上司的一切都脱离不了他们的视线，不论是作为社团、协会或特别工作组的成员，还是主动向新任经理做简报的人，他们总是在组织内外努力洞悉上司的一切。他们在公司聚会和有领导人出席的讨论会上很活跃，时刻确保在上司的周围，以便随时提供服务。这些"权术小人"在公众场合毫不犹豫地赞扬上司，称赞他的幽默感并且保持非正式的联系；控制任何向上传达的信息，卖力地过滤或隔离坏消息，绝不给上司任何不愉快的意外。

一旦公司里突然出现一个高职位的空缺，当许多优秀的候选人出于礼貌而不好意思提名自己，同时，又小心翼翼地避免让其他竞争者处于有利位置的时候，这些"权术小人"已经动员他们人际网络中的非竞争人员和忠实的支持者，让他们为自己公开或半公开地四处游说。作为回报，这些"权术小人"会承诺在新的组织中给追随者以满意的职位。如果事情进展顺利，他们就汇报给上司并且获得表扬；如果不顺，他们就把责任推到其他同事身上。

对于"权术小人"来说，他们不得不提防着那些有能力的、能够威胁到他们提升的同事或下属。由于缺乏真才实学，当"权术小人"面对专业性的管理问题时，常会深感威胁。所以，一旦有人试图削弱他的权威时，他一定会给出明确的反应以降低威胁，排挤、打压、赶走那些令自己难堪的同事。

无论换到哪个单位，职场大染缸里，总有这么一拨"权术小人"同事，你怎么看都觉得不顺眼。所以，你无法逃避，当得悉有"权术小人"对你怀有敌意时，用不着愤愤不平，更不要冲动地辞职。

许多职场新人容易犯这样的错误：把自己的感觉摆在首位，认为不喜欢就是不喜欢，讨厌就是讨厌，如果不喜欢谁还要假装喜欢实在太累。像小巧一样的跳槽者中，有很多人就仅仅是因为与同事关系不合，心理上承受不了，而忍痛离开自己很喜欢的工作。要知道，一些人不会因为你不喜欢而消失，所以你必须学会和这些不喜欢的"权术小人"相处，从心理上承认这些"权术小人"存在的合理性。你离开了，最后吃亏的是自己，而"权术小人"不会因为你的离开而改变什么，相反，他们肯定在背后欢呼呢。

当你经过一段时间的观察之后，发现谁是"权术小人"同事之后，不要感性地与之正面交锋，而是要学会理性地与她们相处。

（1）不要存在报复小人的心理。千万不要因为正义感而独自公开揭发他。"权术小人"从不认为自己奸诈不厚道，他们敏感度高，老实本分的你绝对不是对手。有些"权术小人"会对你产生敌意，在工作上不与你配合、在背后散布你的谣言。待你知道，很可能已在单位里传播开了。此时若当面对质，要"权术小人"给你一个说法并非明智之举。一是"权术小人"可能一口否认，二是面子闹僵了，影响工作的开展。最好的办法是及时与上司和同事沟通。选个合适的时间和场合，把自己的情况和想法讲一讲，让谣言不攻自破。同时，提醒自己不要用攻击性的语言，也最好不要针对某人，达到澄清事实的目的就行了，而不要用报复的心理。否则，会使倾听者误会你是在宣泄情绪，反而达不到你的目的。

（2）敬而远之，和"权术小人"保持距离。保持平淡的表面关系，千万不要亲密如友，因为"权术小人"口蜜腹剑，翻脸无情，让你措手不及，吃不完兜着走。

（3）说话谨慎，客套寒暄即可。如果你批评或谈别人隐私，绝对变成

他们兴风作浪的把柄，或是作为日后报复你的筹码；如果"权术小人"批评或谈别人隐私，你要立刻中止，一句都不要听，因为无论如何，"权术小人"绝对会嫁祸给你。

（4）不要有利益瓜葛。"权术小人"善于交际搞小圈圈，看起来很热闹很多好处。但是你千万不要靠他们获得利益，因为"权术小人"必定要求加倍回报，你肯定因小失大，得不偿失。

（5）吃些小亏无妨。因为你不但很难讨回公道，反而结下更大的仇恨；"权术小人"褊狭阴狠，跟你没完没了，你更累；古人说，忍一时风平浪静，退一步海阔天空。你要当做修行功课，使你成长。

（6）通过"中间人"传话来终止对方的敌意。如果可能的话，不妨以向你透露信息或是双方都能接受的人为"中间人"，通过他们代为传话，以化解或是终止敌意，这可以达到两个目的，一是把自己的想法和事实告知对方，起到澄清事实真相、消除误会、沟通了解的作用；二是让对方知道，已了解到对方的所作所为，从而起到警示作用，使对方有所收敛。

HR智谏：

　　和同事相处，也是工作能力的一种体现。在职场，烦人同事往往具有"讨厌，但有用"的特征。受传统教育观念的限制，许多职场新人喜欢简单地以自我标准把其他人分为好人和坏人。事实上，如今多元化社会的一个特点就是，很难用简单的方法去推断一件事、一个人究竟是好是坏。这就需要我们更具备包容性，用一种非评判性态度来应对。非评判性态度是指：与人相处，一旦遇到自己不太喜欢的行为方式，不要很快地做出是好是坏的判断，包容和积极欣赏对方的长处，才是关键。

七、在办公室政治夹缝中生存

"我在这家公司真倒霉，人际关系错综复杂，每天最重要的事情就是小心应对这些防不胜防的人际地雷……"赵隽是个典型的好好人，工作踏踏实实、任劳任怨，和同事无争无怨、和睦相处，对办公室政治不管不问、远远避之。这样应该很安全了，但是，事实上，办公室政治并没有放过他。赵隽的上司是个典型的政治动物，对任何一个工作见解不同、他认为有威胁的同事，总是挤、压、踩，还多次拉着赵隽一道排挤同事晓军。赵隽不愿搅入是非圈，因此并不加入，只是每天干好自己的工作，埋头钻研自己的业务。当晓军被迫跳槽后，上司立刻将主攻对象转到赵隽身上，处处刁难、找麻烦、穿小鞋，最后，赵隽扛不住也离开了。

在一个办公室中，想不牵涉入办公室政治之中近乎不可能。有人的地方就有是非，有利益的地方就有政治，这是一个基本事实。普通人难免会被办公室政治影响。

职场新人认为自己进入公司是要来实现理想的，不是来搞政治，总是以远离办公室政治为傲。可惜这种想法往往会变成一种职业理想主义——每个公司或者政府机构，哪怕事业单位，都存在这个问题。3人以上的企业就会形成某种文化，10人以上的企业就会存在势力帮派，50人以上的企业必然有公司政治，公司政治是如此如影随形地深入到企业各个层面，从最小的打卡制度、加班制度，大到人员任命、利益分配、公司战略等各方面。由于公司并不是由一群有共同理想的人所组成的，同事是为了生活

及地位而聚在一起，为了上位加薪，彼此极具竞争性，办公室斗争由是产生。

现实中，办公室政治不是很清晰，是隐藏的。其呈现出来的情况往往没有明显的派别，甚至没有明显的小圈子，有的只是一种感觉，一种氛围，甚至只是传闻。办公室政治可能有很多陷阱，或者误区，这需要职场新人花心思去悟。

实际上，有些企业主明里暗里鼓励办公室政治存在。他们姑息办公室斗争，就好像在一群温顺的羊里面必须放以匹狼，就和"激活休克鱼"是一样的道理。对于身处激烈竞争外部环境的现代企业来说，企业内部的绝对平静、稳定已是一种奢求。当企业内部出现一群有不同声音、有不同利益追求的人才时，并不一定就意味着这个企业将"玩完"。相反，内部人才有一点竞争，有一点相互牵制，相对于原来"死水一潭"的局面来说，未尝不是不具有建设意义。那些喜欢搞办公室政治的人也许他们本身的专业技能并不很精湛，这一点企业主也很清楚，明智的老板一般都表面上很偏向搞政治的人，但实际上还是针对整个企业发展进行权衡。

面对办公室政治，职场新鲜人很容易动肝火。这很正常。有时，这些天不怕地不怕的新人还想教训某人，想给他点颜色看看。但千万别这么做。虽然你赢了这一次，还感觉非常好，但终有一天你会付出代价的。

保持中立的态度

对于一个新人来说，较明智的做法是，保持中立的态度，显示自己的亲和力，用一段时间观察清楚以后再决定自己的交际圈。千万不要轻易把自己的职场命运与某个人或某个非组织性团体捆绑在一起。先仔细观察体会，花上3个月到半年的时间努力把企业内部存在的政治关系和政治问题一一搞清楚，知道它现在是怎么样的，问题在哪里，原因又是什么等。

公司里通常分两种圈子，一种是有利益联盟关系的正式圈子；另一种是没有利益关系的非正式圈子。有利益联盟关系的正式圈子往往有一到两个强势团体，平常他们并不一定经常同进同出、事事一致，但一到大的资源分配时，他们会建立很一致的攻守同盟以获取更多的资源。非正式圈子的人由于利益冲突不大，关系较好，通常在一起吃午饭、娱乐。他们并不一定会在利益冲突时结成同盟。

一旦你被动地卷入到争斗的旋涡中，又看不清力量强弱与原因时，最好的方法是装聋作哑，有时不免放缓你工作该做的事，以待事态明朗。

摸清斗争派系的脉络

办公室政治说到底就是一种"老大文化"，找到幕后的掌权者才是关键。新人一到新的工作环境，首先应该做的就是，了解这个工作体系中真正掌握权力的人们。除了拥有管理头衔的各级上司之外，还可能包括一些职称不算响亮，却掌握特殊权力及资讯的"隐形掌权人士"，例如总经理的特别助理、老板的配偶、司机、上司的秘书、工作团队中的非正式领袖，甚至于总机、总务人员等。多观察，多请教，身为团体中的菜鸟，就能更深入地了解每个掌权者的个人资料，例如学历、家世背景、工作经验、在公司的升迁过程及重要贡献等。这些资料不但能帮助你了解公司所珍视的个人特质及人才升迁的依据，作为日后努力的参考，更能为自己提供未来和这些对象互动良好的基础。

在打太极拳中锻炼情商

换一个角度来看，身处办公室政治当中，对于新人成长有拔苗助长的效应，至少借此情商会提高很多。在摸清楚了斗争各方的底细之后，作为新人的你，可以不占队伍，但绝对要展示出态度，秉着不得罪任何一方的原则，你需要对各位掌权者以礼相待，以求维系良好关系。按照耶鲁大学心理学家萨洛韦对"情商"的定义，"情商"包括以下 5 个方面内容：

①能充分认识自己的情感，具有理解自我及心理直觉感知的基本能力；②自身动机，这是一种使其情感专注的能力；③控制自己的情感，这是使其感受适应各种情况的能力；④情感归向，或者称对他人情感的感知，这种对他人的关注导致利他主义；⑤掌握好人际关系，具有与他人交往的才能。这5点，在应对办公室政治各方的过程中，都可以得到大幅度的提高。

HR智谏：

　　一般来说，办公室政治是针对中层管理者的。对于刚刚入行的人来说，办公室政治其实跟自己没有太大的关系。职场新人对办公室政治最好不要过多参与，只要做好自己的事就好了。切忌在办公室里或者在私下传递一些闲言碎语。老板如果要追究责任的话，一般会拿这样的人开刀。

Lesson 4
▼
潇洒的代价：
　　　你在误会公司要fire你吗？

"与其坐等公司 fire 我，不如我先炒了公司！"潇洒归潇洒，但我们也不得不承认，很多时候，正是因为多想和猜忌形成的傲慢与偏见，导致冲动辞职失去大好前程的悲剧。当你的"公司要开我"第六感来的时候，你要问自己一个问题：我干得好好的，公司怎么会辞掉我呢？这是不是公司在考验我呢？

一、漠视型考验："蘑菇陷阱"

云锐从某高校毕业后应聘进入一家有相当实力的公司，而自己对这家公司的各种条件也都十分满意。但是，工作大半年了，除了接受全方位的培训之外，上司只安排他做一些无关紧要的事情，这种工作连没有受过高等教育的人看一下就能够做得很好。

每天看着那些老员工忙忙碌碌的样子，云锐很不是滋味。有好几次，云锐都主动请缨，要求上司给多派点儿活，但是上司都说暂时没有什么可安排的。被拒绝的次数多了，云锐的热情很快都没了，做事情打不起精神来，还不时出现一些小差错。他每天都在想一个问题："是不是公司招聘我之后后悔了，现在是要晾着我，让我自己走人？"

相信有很多人有和云锐一样的苦恼。当新人能够进入到一个新的工作环境，其实已经通过了一大关，但是要不要重用他，领导在没有对他完全了解之前，不会轻易做出决定。所以把新人晾在一边自生自灭，绝对不是为难新人，而是在考验新人。

冷漠地晾在一边任其自生自灭，这是大多数企业喜欢采用的一种考验新人的策略。在管理学上，称之为蘑菇定律。把新人置于阴暗的角落，不重视或让其打杂跑腿，就像培育蘑菇一样还要浇上大粪，接受各种无端的批评、指责、代人受过，得不到必要的指导和提携，处于自生自灭过程中。

从企业的角度，一般来说，设置蘑菇陷阱主要有以下几个目的。

其一，对新员工进行观察，考验新员工与人相处的能力，是否能被老

员工接受。

其二，考验新员工学习岗位知识的能力和态度，一是看他的耐心和细心度；二是通过安排他做一些他以前没做过的事情，看其反应能力和发挥能力；三是看他的主动性好不好等。

其三，考验新员工的逆商，一般来说新环境对新人都是一个挑战，新人在融入一个新环境的时候因为人情的惯性，老员工对新员工都是抵触的，所以新员工的压力是比较大的，能不能经受住压力是非常关键的。

其四，考验新员工的角色转变速度，新员工到企业是真正以一个社会人的身份开始工作，看到的是真正的社会。在企业内部新员工看到的和在企业外看企业是不一样的，能不能接受现实、利用现实、改造现实的基础就是认识现实。

每一位初入职场的年轻人都不可避免地遇到这个阶段，这对很多新人来说，不一定是什么坏事，当上几天"蘑菇"，能够消除很多不切实际的幻想，更加接近现实，看问题也更加实际。遗憾的是，现在越来越多的年轻人看不到企业的用意，在"蘑菇经历"时最容易产生的念头，就是放弃。

很多人忍不住辞职的最大原因，就是觉得太不受重视了！说到重视问题，公司实际上是非常重视这些"小蘑菇"的，军训、企业培训、实习、定级、生活安排、工作分配和职业咨询等，公司在这一时期投入的成本可谓巨大。为了迎接这些预备队的到来，公司动用了很多职能部门的人来做服务工作。但是，新人没有经验，没有足够的职业素养，没有功绩，谈重用还为时过早。这个时候，如果公司当即予以重用，凭空拔高，反而是对新人不负责。

古语说的好：天将降大任于斯人也，必先苦其心志，劳其筋骨。真正的成功，属于坚持不懈的人。只有认准目标，不断坚持，在"蘑菇经历"中积累一些可贵的经验和素质，才能为以后的"厚积薄发"做好铺垫。笑迎蘑菇管理，以高效率走过被漠视的刁难时期，迅速成熟起来，是每一个初入职场的人都应当面对的课题。

首先，要学会适应。被分配在某个不理想的岗位，做着无聊的工作时，必须学会适应。这是因为，要想改变环境，前提便是适应环境。适应环境正如温水青蛙原理所揭示的道理一样，越是严酷的自然环境，越能激发一个人的自下而上能力，从而使其能脱离逆境的困扰；而表面上温情似水的生存环境，则极可能会消磨你的斗志，并使你丧失应有的警惕性，从而让你逐渐陷入停滞的陷阱。事实证明，那些表面看来对员工要求很严格，工作环境也不是很好的企业，反而能培养一个人的耐力和素质，从而在根本上提高人的生存能力，拓宽你的发展之路。

其次，要学会主动。多沟通，多向有经验的老员工讨教，这是很有必要的。一个闷头想的蘑菇，永远想不出向日葵的光芒。除了要主动融入团队之外，主动地将自己的长处展现出来也是重要的因素。之所以是蘑菇，是因为你没有表现出闪光点。当你在暗处，不管是领导也好同事也好，都会认为有你没你差别不大。只有当你表现出足以符合岗位需求的能力，让团队认可你，觉得你在团队中不可或缺，这样你才能真正地走出蘑菇期。

另外，懂得在"角落"里学习。职场新人都拥有一张不错的学历文凭，但从学校走向社会，要学的东西很多。所以毕业以后千万别停止进修学习，趁公司给予的"赋闲"阶段，使自己处于不断地学习、充电之中，向同事学做事，向上司学做人，上班学业务知识，下班充电学第二技能。

HR智谏：

初入职场的年轻人都会经历一段或长或短的"蘑菇"期。只要踏实肯干，即使生长在角落里，也会有被人发现的一天。如果你在低头做这些小事时有了收获和成长，恭喜你，你已经不知不觉拥有了顽强、耐性和踏实——日后受益匪浅的资本。

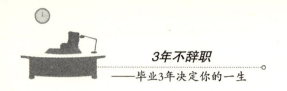
二、鸡肋式观察：职位调整

"人才是放错的垃圾。"作为员工来说，害怕自己被企业放错位置；对于企业来说，未尝不是。新人的优势在于可塑性很强，同时缺点也在于这个"可塑性"不好把握。每个企业都愿意大胆提拔新人到高位，一旦发现不适合，调整职位也是正常的。但是，对于很多职场人来说，只能接受升，而不能够接受降。

李铭在一家大卖场做业务主管，最近公司进行人员调整，李铭被降职成为一个普通业务员。这让李铭非常懊恼，想想自己在公司也做了两年主管了，现在没升职，反而降级了，这让李铭既心疼失去的位子和银子，又觉得很没面子。"老板一点不念我过去的功劳，这样说降就降了！同事肯定在背地里没少议论我。唉，辞职算了。"

面对被降职，很多人的第一反应就是：公司在变相地赶我走！诚然，对于那种不是立刻能解雇的人或者直接解雇有麻烦的人，企业通常使用的手段之一的确是调换岗位。但是，这种手段企业只是用来炒高管，对于一般的员工来说，企业大可不必拐弯抹角，要想开除你，直接让你走人就是。企业之所以把你留下，降职留看，一个重要的原因就是鸡肋心理在起作用，也就是说，企业还是认为你有很大的能力和价值，企业愿意再给你一次机会。

面对降职，跳槽走人只能证明你自己也认为你能力不足。职场上的任何风云变幻都是有可能的，如果一点点挫折都能把你打垮，这只能说明你的承受能力太低。

被降职处理的员工，一般会有这样 3 种常见的心态：一是觉得很没有面子，人前抬不起头来，亲属朋友面前无法交待；二是不服组织处理结果，认为不是自己的原因，找理由归因于外；三是积极调整心态，勇于面对挫折和挑战。第三种心态的员工，才是企业不舍得放弃的对象。

降职很容易让你否认自己，怀疑自己，你会感觉失望、悲观，失去自信，自尊心也受到了极大的伤害，你会变得不太愿意积极地投入到工作中去，对人际关系格外地敏感和警觉，对上司、同事有这样那样的不满情绪，有时甚至想和他们大吵一架。但是，降职，并不是说你已经没有价值了，可能只是你的优势已经不能满足他的胃口了，或者是你的某一方面出现了欠缺。要知道，失败的原因是多方面的，有主观的，也有客观的，没必要为了一次失败而把自己全盘否定。反过来想，降职本身也是一种变相的肯定，你曾经位居高位，从高位下来，组织愿意给你第二次机会，已经说明你有实力了。

不管公司出于什么目的而降你的职，只要你被降职了，就意味着你需要学习，需要提高。只有再次提升自我，才能够胜任以后将要担任的职务。谢进是一家私人企业的高级客户经理，掌管公司"一条流水线"的业务，工作忙碌，但对于他来说驾轻就熟。后来，公司传出要升他去做西北区经理的消息，他突然申请停薪留职，出国留学一年。回来后，调到了另一个部门做经理，不过职务级别和薪水都比原来低了。大家正替他不值，他却不这么认为："我很高兴能在'被人遗忘的角落'里韬光养晦。"职场上不进则退？有时候退一步海阔天空，前进的道路不是单一的，而是多元化的。被贬到一个清闲而没有实权的地方，换一个角度来看，未尝不是一次再次积聚能量的好时机。把降职当做一所训练自己的学校，科学而全面地评估自己的职业能力，修缮自己的职业盲点，无论是对再度获得晋升的机会，还是伺候的跳槽重新就业，都是有很大帮助的。

降职并不一定就意味着日后会受到重用，但从长远的发展看，在你不

断提高自己的能力后，自然会有尽情发挥的机会。

有一位集团公司的高管，因为很多复杂的原因，被从一个分公司的总经理位置踢下来，当时董事会给他一种选择，就是可以留在公司，但必须去集团酒店做门童。对于一个曾经身居要职的总经理而言，让他天天去给别人开门，这比直接开除他，还要残忍。相信大多数人在这种情况下，都会选择离开。不过，这位高管没有这样选择离去，非但如此，他还将门童工作做得相当出色，微笑服务，和所有人谈笑风生，即便是原来的下属也每天享受着他的微笑服务。经历过这些的人，你觉得他不会东山再起吗？这位高管最终重新回到管理岗位，而且比以前的位置更高，担当的责任更大。做的当然更优秀。

总之，在降职的时候，不要只想着侮辱和委屈，反思自我，发现问题，及时补救，从哪里跌倒再从哪里爬起，才是理性的态度。要想想为什么自己会被降职，是不是自己工作有疏漏，没有做好自己的本职工作，如果有的话就应该好好检讨自己，找出自己的问题，努力改正，在今后的工作中做得更好。如果感觉不是自己的问题，就应该学会告诉自己"塞翁失马，焉知非福"，也许会学到了很多以前学不到的东西，是最重要的。

HR智谏：

降职而非直接开除，只意味着一件事情：公司在给你第二次机会。如果你能够积极地看待职位调整，那么有利的机会还会光临的。你可以利用降职的这段时间，来修复以前在人际方面的遗憾，和同事重新搞好关系；你也可以利用降职的机会学习，补足短板。

三、隐蔽式考验：机遇总爱打扮成麻烦

相信很多职场人都有过这样的后悔时刻：辞职了，转念一想，其实，总体上看老板一直对我也不错。主动辞职是不是太冲动了呢？会不会最近是老板在有意识刁难我呢？

这不是你在自作多情，可能性不是没有。与蘑菇陷阱式的公然漠视、职位调整式的公然惩戒不同的是，在职场有一种考验很隐蔽。仔细想想就知道了：有几家公司在没有正式宣布你升职的时候，会早早知会你？往往在知道或者是感觉到自己要升职之前很长时间，你的老板和上司已经在考虑这件事情了。只是，在正式决策之前，他们都会观察一阵子。这段时间，你的表现好坏直接决定你能不能得到那个高职位。

宋微微毕业后在一家大型制造公司做出纳，人长得漂漂亮亮的，性格也比较开朗，处事很稳当，深得公司上下的喜欢。宋微微在部门的业务之一就是负责开发票。有一次，宋微微独自一人值班的时候，一位长者走进办公室，宋微微以为是客户来开票，就彬彬有礼地接待。这时长者请求她帮一个忙，因为他把购买本公司设备的发票丢了，希望宋微微代开一张。宋微微表示，公司有规定，不能重复开，代开意味着公司受损。

这时，长者递过来 500 元，要求宋微微通融一下，宋微微表示真的不方便，实在违背公司管理规定。长者不高兴了，毕竟举手之劳，公司发票使用没有任何记录，多开一张少开一张无所谓，只要当天的发票金额不要超过销售金额就行。而且宋微微也可以抽空买点补回去就结了，摆明是白

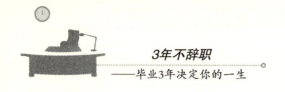

拿钱的事儿，老先生不知道宋微微在想什么。不开窍的宋微微最终还是拒绝了这位长者……一个月后，宋微微被调到了总裁办，原来那位长者正是公司新空降来的副总。人力资源向他推荐宋微微做助理，此前的开发票事件不过是他对宋微微的一个考验。

企业要从内部提拔人，首先是对这个人的职业能力早已肯定，余下的考验往往是对其软实力的一种隐蔽式的观察。很多时候，被提拔的人想表现却苦于无门，因为更多的老板喜欢掌握主动权。他们私下考验人的手段往往是意外之举。不要以为，这只是中国式管理手段。实际上，外企考验被提拔者也一样让人丈二金刚摸不到头绪。

《凭什么升职》一书的作者大卫·达勒桑德罗就讲述了他本人的一个亲身体验：在大卫·达勒桑德罗30岁那年，在一个决定性的会议上，他第一次向公司董事会作报告。因为原来的公司最近刚刚并入这家公司，所以对于他们的管理层来说大卫·达勒桑德罗是个不折不扣的新人。当他认真做ppt演讲的时候，咄咄逼人的董事长突然讲了一串他完全听不懂的类似火星文。大卫·达勒桑德罗一下子怔住了。要知道，他为这次汇报工作做了长时间的准备工作。董事长此时提出的任何意见都很重要。

"很抱歉，先生！"大卫·达勒桑德罗说道，"我没听懂你的意思。"董事长用嚼着口香糖的嘴巴再次说了一遍那串火星文。台下的其他听众们都忍不住笑了。

"抱歉，先生，您的意思是？"大卫·达勒桑德罗说。董事长几乎快要火了，他吐掉此前的那块口香糖，在往嘴里塞下一个的空档，终于吐字清晰地说："我是问你，难道以前没有人告诉过你，你是一个引人注目的年轻人吗？"

大卫·达勒桑德罗虽然终于听懂了董事长说的每一个字，但是他不确信自己是不是听错了。"对不起，我还是没听明白。"大卫·达勒桑德罗再一次这么说道。"我只说最后一遍，"董事长的脸开始发红，"难道以前没有人告诉过你，你是一个引人注目的年轻人吗？"

"非常感谢您的话，"大卫·达勒桑德罗很有礼貌地对董事长说，"不过从来没有人在这种场合跟我说过类似的话。"董事长不再说话了。

作为报告人，大卫·达勒桑德罗很受打击。经过了刚开始的一场闹剧之后，大卫·达勒桑德罗的报告彻底遭到了冷场，15 分钟或者 20 分钟的演讲提不起场上任何人的兴趣，对他们来说更像是噪声。就在报告结束的时候，董事长又说了一串没有人清楚的火星文。直到最后他把薄荷糖吃完了，大伙儿才知道他和妻子上周末去南卡罗莱纳州旅游的时候见到一个名叫"法德里克斯"的公司。会议终于结束了。大卫·达勒桑德罗以为自己遭遇了一场自毁前程的灾难。事实上，面对董事长的刁难，他忍住没有发火，顺利通过了一次晋升考验。如果当时大卫·达勒桑德罗表现得不礼貌、或者大发一通脾气、或者因为他无厘头的火星文而放弃继续作报告，很有可能就彻底丧失了在这家公司升职的机会。

大卫·达勒桑德罗用他的亲身经历告诉身在美国的职场人：事业上真正的考验从来都不会和你预想的一样。可见，中西方都一样，升职考验都很别出心裁。

世界上没有一帆风顺的事情。升职这件事亦如此。上司对于下属的信任，很多时候需要经历一个漫长的过程。很多上司都喜欢当个猎者，布下陷阱，如果你警惕性足够高，通过了这些隐形的关卡，你才会在"在不自觉的状态下"被"意外"地升职。如果你控制不住自己，或者暴露了本性，那么你轻则失去了上升的机会，重则被辞退。

作为下属，你不可能知道什么时候上司在考验，但是至少公司提拔新人还是有轨迹可循的。一般来说，公司在提拔新人的时候，除了考虑你的职业实力这个基本条件之外，德行和自我控制力是公司和领导的考察之重。因此，要想升职，要注重在以下两方面的修养。

（1）你的人品。很多时候，人品对于企业来说，比能力还重要。如果上述案例中，宋微微因为一时的侥幸心理，贪图那500元的便宜，把本不属于自己的东西据为己有，一旦让新领导知道这种问题，人力资源再高的评价估计也无济于事，最后很可能落个被除名的结果。一个人的人品决定了其在公司、行业走得多远，如何面对各种诱惑、如何善待客户等都是考验员工人品的关键。

（2）你的EQ。情商对于人的成功起着相当重要的作用。情商高意味着你很会控制自己的情绪，更会处理人际关系，很善于沟通，并且韧劲和承受力都很强。大卫·达勒桑德罗通过上司的考验，正是得益于自己的高情商，在上司的刁难之下，成功控制了自己的情绪，表现出了一个成熟职业人的标准素养。

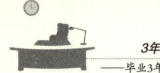

HR智谏：

　　公司培养管理人才的第一步是找到那些有潜力成为管理者的人。识别潜在领导人是个艰巨的工作，大公司都有一套系统化的体系来识别有潜能的员工。有些公司利用360度的反馈机制，有的利用中心评估方法，还有的利用打分方式。个人的性格特征也是一个标尺，智慧、自信、诚实、正直、渴望成功、业务知识丰富者更容易获得晋升。作为候补者的你，只需要表现真实的自己，做好工作中的每一件小事。

四、没有企业愿意随便开除人

大作家契科夫写过这样一个小故事，公司有一名底层员工，因为不小心打了一个喷嚏溅到老板身上，自认闯了大祸的他忧心忡忡，又是道歉又是解释自己多么的无意。原本不以为意的老板被他的磨叽而惹火，劈头盖脸地训斥了他一番。结果呢，这位卑微的员工因为又惊又怕，抑郁而死。

这个故事虽然存在着艺术上的夸张性，但也是新员工在得罪领导时的真实写照。职场新人因为初次参加社会工作，难免有不小心得罪老板的时候。这不是重点，关键是新人自认为闯大祸的心态，着实让企业哭笑不得。

小余初到公司的时候，发觉上司对她不冷不热，让她心里很发毛。小余想：不管了，我好好做事就好了。可是，即便她十分努力了，上司对她的工作竟然不闻不问。小余给上司发的 E-mail，无论是公事还是私事，上司一概不回。凡此种种，令小余无所适从。有一次小余只好硬着头皮到上司的办公室内主动请缨，但上司看了一眼，只说了句"我知道了"就把她打发了。一次，她忍不住在洗手间向同事诉苦："真变态。什么都懒得理，都不知道她一天到晚做什么。对我有意见就直说啊。"正当小余越来越激动地抱怨的时候，洗手间的一格突然传来冲水声，接着小余就在镜子上看见自己的上司款款而出了。上司什么也没有说，缓缓洗了把手，留下一个背影给面红耳赤的小余。自此，小余终日忧心忡忡，很快就辞职了，走的时候也只是在电话中和人力部门说了一下，连上司的面都不敢见。

很多职场新人，都像小余一样，容易被"得罪了老板就死定了，他早晚会给你穿小鞋"这样的传言吓坏。和上司搞好关系固然重要，但是也不必太过敏感。涉世不深的年轻人在和上司关系处不好时容易走向两个极端：一是产生逆反心理，盲目地和上司对着干，给上司制造麻烦；二是心理负担过重，情绪消沉，认为一切都完了，破罐子破摔。这些都不可取。

要知道，绝大部分老板不会像传说中那么可怕。不小心得罪了老板，大多数情况下不至于让你丢掉工作，因为没有公司会轻易就开除员工的。

毕竟，公司培养一个新人是需要付出巨大的成本的。新员工在一个新的工作岗位，必须经过一定的培训，才能够了解新单位、新岗位相关知识、技能。培训完到学以致用，成为合格的员工，还需要一段习熟成本。大部分新人从熟悉工作流程到胜任工作岗位，短则一两个月，长了需要半年甚至一年时间。这么长时间里，新员工创造的利润很少，这期间需要企业来承担一切费用。我们以一个月薪3 000元的新人为例，大致算一下企业使用新人的年成本：3.6万元的工资，再加上公司对其各式培训的费用以及平时福利和年终奖，每年公司对一位新人的培养就耗费公司5万~8万元。

以上仅是财力方面的预计。在实际工作中，新人的资历浅薄，很多都是靠老员工和上司一步步培养出来的，而这些人员所耗费的精力和投入的人力成本更是不能简单用"多少钱"可以涵括的。羽翼未丰就甩掉的新人们，要知道企业有时也是弱势。

除了成本的顾虑之外，开除一个人、重新招聘新人意味着更多的麻烦。上司和下属的关系就像一个人的头脑和四肢的关系，你的上司开除你，就好比在砍掉自己得力、结实又健康的胳膊，他一点儿也不能从中得到快感。站在上司的角度来看，他花那么长时间来栽培你，教你做人做事的原则，分配给你客户资源，好不容易等你能独立完成一些工作了，因为你的一句话或者某件蠢事，就开除你，也太不值当了。这个时候开除你，就得补充新人，招来新人意味着一个新的轮回开始了：重新培训、重新教导、重新分享资源……因此，无论如何，开除人对于企业和个人来说都是双输之举。

因此，当你和上司关系紧张的时候，不要疑神疑鬼，担心上司对自己有成见，会给自己穿小鞋，会在背后给自己拆台，甚至冲动地辞职。最好的办法是保持冷静和自信。冷静地想想，问题的根源在哪里？如何去补救？

首先，切忌跟你的同事抱怨。最不应该做的事当然是当众让上司丢面子，贬损上司的话总会传到上司那里，对你的声誉和前途造成危害。像案例中小余那样，在背后向同事诉苦，和同事说自己上司的坏话，一是容易传到上司的耳朵中，造成双方接下来相处的尴尬；二是容易毁坏上司的名声，如果因为你的误会让上司无端颜面受损，你叫对方怎么想你的好？另外，你和同事诉说，也会让他们为难，你的同事不会无偿介入你与上司的争执，不管是你的失误还是上司的原因，她们都不愿也不便表态。如果有同事趁机添油加醋，只会加深你与上司之间的矛盾。

其次，作为下属，要主动去和上司沟通，承认错误也好，寻求解决办法也好。清醒地理清问题的症结，找出合适的解决方式，使自己与上司的关系重新有一个良好的开始。如果是你错了，你就要有认错的勇气，找出造成自己与上司分歧的症结，向上司作解释，表明自己在以后以此为鉴，希望继续得到上司的关心。假若是上司的原因，在较为宽松的时候，以婉转的方式，把自己的想法与对方沟通一下，你也可以以自己的一时冲动或是方式欠周到等原因，无伤大雅地请求上司宽宏，这样既可达到相互沟通的目的，又可以提供一个体面的台阶下，有益于恢复你与上司之间的良好关系。

再次，利用一些轻松的场合表示对上司的尊重，挽回他的颜面。即使是开明的上司也很注重自己的权威，都希望得到下属的尊重，所以当你与

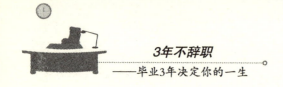

上司冲突后，最好让不愉快成为过去。你不妨在一些轻松的场合，比如会餐、联谊活动等，向上司问个好，敬个酒，表示你对对方的尊重，上司自会记在心里，排除或是淡化对你的敌意，也同时向人们展示你的修养与风度。

当然，避讳被辞职悲剧的最有效的方法就是更加卖力地工作。毕竟，你能为企业创造价值，是留下来的最大凭据。你的领导只是你和同事们的引路人和秩序管理者，并非变态狂，他也得以企业利益为先。你用更加突出的业绩证明了你知道错了，你始终是在和他一起共同努力完成任务目标，他会装做什么都没有发生的。

HR智谏：

当你得罪上司的时候，有一个一成不变的处理模式。主动伸出"橄榄枝"，消除你与上司之间的隔阂是很有必要的。但是，在考虑应对方法的时候，你在公司里的地位及与上司的关系也是你应该考虑的因素。

五、没有一个新人会从不犯错

　　杨志伟最近跟进的一笔 30 万元的单子丢了。尽管除了他个人的原因，还有很多客观制约因素，但是他觉得公司早晚会开除他，于是引咎辞职。老板在他离去的时候，对同事这样讲："我对小杨失望透顶！犯了错就跑人，一点都不去为公司挽回损失，这样的人到哪里都不受欢迎！"杨志伟听说后，伤感不已：苍天，自己分明是为公司考虑，连最后一个月的工资都放弃了！

　　在公司犯了错，自觉颜面无存，赶紧走人，这是很多人的习惯选择。其实，每个人在工作中都可能犯错误，年轻人犯错误的几率就更大一些。但是，犯错误并不可怕，重要的是能找出犯错误的原因，并有效地改正它。尤其是年轻人，要学会在错误中成长。像杨志伟那样辞职貌似为公司着想，实际上对方并不领情。如果你有能力，老板最希望的不是你为过去的错误负责，而是弥补。

　　当你犯错的时候，不要把心思放在揣摩老板的心思上。老板如果不原谅你，他在第一时间就会表现出来。如果你暂时没有听到"风声"，就意味着你的老板在给你修正的机会，站在老板的角度上，他不可能像电视剧那样当众拍拍你的肩膀说："没事儿，继续努力。"这种高调鼓励失败的做法，其他同事会怎么想？你的老板即使有心原谅你也肯定得低调。这个时候，你自己若是沉不住气，跑去辞职，老板会认为你不负责任，早有了其他打算，自然不可能过多挽留。在这样的敏感期，最好是给彼此一段低调

整理的时间。

对于公司来说，其实是允许员工犯错的，员工犯错的时候，老板也会给其改正的机会，关键是你在错误中进步了多少。法国某汽车制造公司的经营者，在一次大型面试的时候，对众多应聘者只问了同一个问题："以往的工作中你犯过多少次错误？"在获悉大多数应聘者都是一贯正确时，他却把这项工作交给了一个犯过多次错误的"倒霉蛋"，理由是——"我不要20年没有犯过错误的人。我需要的人才，是他犯过无数次错误，但每次都能及时吸取教训并且立即改正。"

美国许多企业都注重职员在过去工作中犯错误的经历，不但优先录用那些曾经有过犯错经历的新人，而且，还经常鼓励职员在工作中犯错误。管理大师杰克·韦尔奇就曾经这样讲自己的经验："新事业我宁可放手让部下去做，让他们犯自由发挥的错。因为新事业需要多大的独立自主空间，这根本没有公式可循，这是个往复测度的过程。"还有一些大企业，提出了更为决绝的用人原则：如果经营管理人员在1年内不犯"合理的错误"，将要卷铺盖走人。

员工的职业成熟，是需要代价的，这个道理对于看尽千帆过的老板来说，再浅显不过。新员工刚进入公司的时候很难和那些已经干了很多年的老员工们比业绩，老板也并非如此苛刻。在职场，你肯定看到过这样的场面：一个新人犯错了，看他不顺眼的老员工终于逮住机会跑去老板那里告状，而老板只是淡淡地说："知道了。"精明的老板是不会因为别人的小报告而开掉犯错的人的，很多时候别人的小报告反而会促使老板留下这个人。因为他会想：自己的团队是不是出现了问题？他故意把这个问题员工留下来，就是要激活这个团队。作为新人，只要你知道自己的不足并埋头努力赶上，在错误中不断成长，总有一天当你的业绩成长起来的时候，你会发现老板也会把你当个宝儿似的。而假如你犯了错误，成天唉声叹气觉得领导不公平，说领导只喜欢某某不喜欢你，一定会借此开了你，你在这个公司没有希望了，于是就混天过日、心不在焉，那你就是在自毁前程。

你的老板允许你犯 1~2 次错，但并不代表你可以当做没发生过一样。怎么样处理"打翻的牛奶"，才符合成熟职业人的身份呢？

■ 承认错误，迅速报告

越是难以说出口，越要趁早报告。立刻跟你的老板承认你的错误。除非你犯的错无关紧要不影响别人，否则不要试图掩饰你的错误，要是被别人发现你会很惨。发现自己所犯的错误时，要在别人指出前向上司报告失误或失败的内容，比如"其实，我发现自己犯了这样的错误，非常抱歉"。

千万不能有下面这种想法：反正谁都不知道，只要自己保密就行。如果隐瞒失败，事态有可能发展到无法挽回的地步。特别是在处理客户的问题上更应该要求迅速解决，老老实实向上司报告，尽快处理。

■ 客观陈述，不找借口

要说的事情可能很多，但是能够诚恳道歉、反省才是作为成熟职场人的基本礼仪。至于失误或失败的详情，则应在分析原因的报告上，冷静且客观地传达给上司。能否做到冷静客观且实事求是地报告现状和原因，将左右他人对你的评价。

要注意分析原因时，不要变成通篇是为"自己的失误"辩解的内容，要干脆痛快。像是自己确认不充分，联系不足或是理解不够造成判断失误或马虎等，只要找出原因，就能防止再次发生同样的错误。

如果你犯了错，指责别人没有任何帮助。千万别企图把责任转嫁给别人。"○○是这样跟我说的"，"××命令我这么做的"，道歉之前就指名道姓地把责任推给别人，这种行为是让人难以接受的。如果有想说的可以作为"信息"写进情况说明报告里，以此来传达给上司。当然，你也可以鼓励那些愿意和你分担责任的人跟着你一起去找老板承认错误。

另外，对自己也要客观。为错误道歉而不是把自己打倒，承认错误和把自己打倒之间有很大的差别。承担责任，但不要苛责自己，尤其是公共场合。如果你当众把自己说的过于不堪，让老板也无法收场。

■ 弥补错误，将功补过

为不再犯同样的错误，必须尽早制定对策。实际上，当你去见老板承认错误的时候，就应该带着一个能弥补错误的计划。把你的计划讲清楚，告诉老板你的计划要多久才生效，还有是否需要额外的费用。

接下去，你要用行动来证明。很多时候，你需要牺牲自己的时间弥补错误。如果你不得不加班来弥补你的错误，不要指望拿加班费。你还可以用午餐时间或者提早上班来做这些事情。

HR智谏：

无论工作怎么谨慎，都有失败的时候。最关键的是，同样的错误不要犯两次。比起承担惩罚，企业更渴望的是弥补。

六、新上司不会无缘无故大清洗

　　最近小亮有些烦恼，一直对他不错的老上司跳槽了，虽然老上司承诺会尽快给他谋个差事，但是他其实一点都不想辞职，因为在这家公司工作一年多了，有了感情。只是，新上司来了，如果知道他和老上司走那么近，会不会开除自己呢？于是，他拿不定主意到底走还是不走。

　　倒是他的同事小琳一点也不发愁。新上司来了，没有带秘书，小琳就义务担任了他的秘书。新上司还没有上任的前一天，小琳就主动把他的办公室打扫得干干净净，第二天一上班，看到办公室如此干净，新上司连连称赞小琳做得好，工作认真细致。就这样，小琳给新上司留下了很好的第一印象。接下来，小琳发现新上司其实性格偏内向，听工作汇报喜欢精练简短。于是，原本活泼的她就变得收敛了很多，从来不主动跟新上司开玩笑；每每在汇报工作时，小琳力求做到一般的事情不超过 3 分钟，重要的事情打好腹稿，也尽量简短。经过小琳一番投其所好的动作之后，她由办公室文员正式升任了经理秘书。

　　熟悉的老上司走了，陌生的新上司来了，在这种交接班的时段，往往令下属无限纠结。很多定性不足的新人，就会考虑到闪人了。江湖传言中，新官上任三把火，为了树立权威，新上司都喜欢杀鸡儆猴，这个时候新人自然成为了那只可怜的"鸡"。

　　传言终究只是传言，可能也仅仅是可能。作为新人，你不必为这样的"传言"与可能而乱了方寸。其实，大部分职业经理人要的很简单，他们

只求两个字——放心。撇开那些故意给你穿小鞋，想让你离职然后安插自己人的新上司不说，99%新官上任首先想到的是稳定局面。因为他的到来而引起办公室地震，是新上司最不愿意看到的。

那些菜鸟新上司之所以喜欢炒人，其实是出自对自身安全感的考虑。新上司在工作上的第一个问题就是如何面对他的新下属。但是，完全和这些新同事打成一片的局面通常短时间内很难出现，如果一个团队中硬是出现一些顶着干的下属，这种个案通常会影响到整个管理氛围，从而导致新上司的权威下降。炒人这种手段，这时候就含有震慑的作用，也是为了自己的职位安全。这时，你只要表现出不与他格格不入或者"非暴力不合作"的态度，你就是安全的。

新上司不可能一下换掉所有的人，为求稳，他们通常会留下工作能力强和听话的老员工。每个经理人都希望领导有能力的下属，期望集天下优才而用之，因为下属无能在某种意义上也是主管无能，而且由于下属无能，无法快速提升部门绩效，新主管自己的位置也难以自保。所以，如果你特别有能力，具备了所在岗位的"核心竞争力"，别人无法替代，那么新主管是不会轻易地"炒"掉你的，相反会极力地挽留你。所有的上司最需要的就是忠诚，新上司也不例外。如果你是一个忠诚型员工，那么你也是新上司最需要的人之一，这时候，你需要做的就是展示出你的忠诚。这就意味着，哪怕你的新上司一点也不值得尊重，你都必须向他表示出你的忠诚。

刚碰到新上司的时候，对双方都是磨合期，这个时候，无论你是工作能力强还是听话的员工，都要像上述案例中小琳的做法——主动去了解你的上司，主动让你的上司了解你。旧上司对每个下属的情况了如指掌，而在新上司面前，所有下属都处于同一起跑线，你能否第一时间跑出，"主动"就成了至关重要的因素。如果仍保持着只求安逸、满足现状的工作态度，很可能会被新上司划入"影子一族"，视而不见，自然也别奢望可以被新上司列入升职加薪的名单。

首先，要通过察言观色尽可能地了解和摸清新上司。设身处地为新上司想一想，他的任务是什么？他的要求是什么？他希望部属如何配合他？他在公司的地位如何？他下一步的计划是什么？他的上司是不是支持他？如果你不了解新上司对你和工作的期望，你便无法和他相处。每个上司都有不同的行事作风，因此你可以采取听、读、看、问的方式尽快了解他。注意听新上司说什么，如何说？说的时候常提出来的理由是什么？注意读上司发出来的邮件和批示，他在乎的是什么？要求的是什么？注意看他如何主持会议？如何和别人沟通？喜欢和什么人沟通？为什么？去问那些和他关系密切的人，他是一个什么样的人？应该如何和他相处？

其次，要坚持永远支持新上司这一不变的法则。无论前任上司对自己有多大恩惠、自己有多么敬重他、忠实于他，转向新上司时，仍然要全力以赴地支持到底。因为，前上司再好，也已经成为过往，而新上司，将会是从今往后一直和自己在一起工作、决定自己未来职场命运的人。当新上司向你了解情况时，要客观公正地回答，让领导感觉你是一个负责任、有事业心的人，在话语中要流露出自己乐意协助他做好工作。当上司没向你问及别人的情况时，不要片面回答；也不要倚老卖老，凭着自己对公司的熟悉程度或掌握的客户资源，故意表露出自己是公司骨干。有时，尽管你不认同新上司的行事风格，但是你仍然必须调整自己的做事方式来达到上司的要求。有些上司喜欢一大早开会，甚至要求下属提早半小时到公司，你就必须起得更早，在要求的时间之前到达，并且把开会要讨论的事项事先准备好。除非你不想继续待在某一个公司，否则你就要做出牺牲和妥协，来配合新上司的要求。请注意，在沟通中少用"过去如何如何"的字眼，"过去"对新上司来说也许是个刺耳的词，会让他感觉没面子或下不了台。

当然，最重要的是，做好分内、分外的新任务。新上司到一个新的环

境中，他需要了解熟悉工作和环境。这时，如果员工能主动为新上司打理一些事情，并配合他的工作，他会感到高兴，同时也能让他尽快进入角色。这正是小琳成功的诀窍。不管新老板制定什么样的新政策，烧什么火，作为职员，首要任务应该是积极出色地完成自己的本职工作。新上司吩咐的工作一定要认真及时完成，临时交办的分外工作，包括一些琐碎的杂事，也要负责作地做好。每完成一件事，就会提高新主管对你的印象分数，随着分数的累积，你在新上司心中的地位也就与日俱增了。

HR智谏：

老上司的离职，并不是你职业生涯的终点，只要对自己的品格、经验与实力有信心，持续对公司有贡献，不管在什么上司的带领下，你都会是其不可或缺的好帮手。这时，你只要表现出不与他格格不入或者"非暴力不合作"的态度，你就是安全的，而如果你再主动一些，就有可能会被委以重任。

七、远离居心叵测的特殊说客

相信很多职场人有过这样的经历：你一直犹豫不决要不要辞职，甚至你压根都没有想辞职的时候，或者你自己想了半天终于决定不辞职的时候，有个热心的同事出现了，他的一席话推了你一把，结果你一个冲动下就跳槽了。一向跟你比较熟的同事，劝你辞职，或许是出自好心为你好，而有些同事可就不一定了。

俗话说："害人之心不可有，防人之心不可无。"许多职场新人很容易犯偏听轻信的毛病。由于不了解职场竞争的残酷性，面对所有可能成为自己对手的人，往往不懂得必要的设防，有时候会将自己的底牌一股脑儿地透露给对方。比如，自己还没有考虑周全，就把辞职的想法呜哩哇啦告诉了别人。说者无意，听者有心，很可能被对方所利用，大做文章。

某日老陈一进办公室，就压低声音问小强和小吴："下一步你们是怎么打算的？"不知所以然的小强和小吴心里一惊，忙问为什么。老陈使了个眼色，3人鱼贯到了楼顶的抽烟区。老陈这才告诉他们：因为受金融危机的影响，公司业务量减少，正在做减薪和裁员准备。看着小强和小吴还在惶恐无措中，老陈熄灭了烟，像是下定了决心似的："要是给我减薪，老子肯定拍屁股走人！小兄弟们，快点找下家吧。"小强和小吴蔫了一天，快下班的时候，公司关于减薪的文件真的下来了。文件一再强调，目前效益不景气，减薪只是暂时的。下午下班坐地铁回家的时候，小强和小吴表现出再干一段时间看看的样子，老张笑了："真是年轻，说暂时的，你们

也信啊？降工资你不走，人家看你是赖定了，还会给你涨回去啊？我明天就开始投简历了。"果然，第二天中午休息的时候，老陈就发给他俩好几个同行公司的招聘信息。等到公司挨个找人谈话的前一天，老陈约小强和小吴一起聚餐，说是"最后的晚餐"，他找得差不多了，有猎头公司回信了，只等办交接了。小强和小吴一听急了，回家就打开电脑，疯狂地投简历。第二天，两人毫不犹豫地谢绝了公司的挽留。

辞职后，才知道事情没想象中那么顺利，小强失业了将近俩月，小吴费尽周折才勉强在一家小公司谋了个文员职位，先将就着干。说实话，若还在原公司，即使减薪也比这家强。后悔不说，更让小强和小吴受刺激的是：一个月后得悉老陈竟然没有辞职！其他两个部门的几个同事也被煽动辞职了，唯有叫得最响的他没走。因为一下子走了不少人，公司第二个月就恢复了正常工资。感觉被忽悠了的小强和小吴决定找老陈理论，结果发现人家已经把他俩的 MSN 屏蔽了……

初入职场的年轻人，往往因为缺乏相关的工作经验和为人处世的经验，轻易相信有些居心叵测者的建议。事实上，同事之间很容易有利益相抵触的时候，遇到事情，不能轻易相信别人，尤其是辞职的时候，不要被别人的假象和"热心"所蒙蔽。有些人会故意表现出对公司不满意，宣扬自己在偷偷找工作，还会热心肠地为你分析公司的利弊，给你讲解他的职场经验，还会热心地发一些招聘信息给你，甚至给你介绍不错的工作。在职场，所有的人最终都还是为自己考虑得多。那些热衷撺动你离职的人，一定有自己的企图存在。

还有一种表里不一的人，表现得很低调，他们不会像上述案例中的老陈那样积极主动，他们所做的只是不动声色地附和你。

肖江和小柯坐在邻桌办公。有时候，为人耿直的肖江和经理争执或者沟通不畅，一肚子火回到座位，小柯不仅主动端茶送水，安抚他的情绪，还经常在下班请他吃饭聊天。小柯的业务能力没有肖江强，但很懂得察言观色。小柯的"善解人意"，很快赢得了肖江的信任，尤其有时小酒一喝，什么话都说："经理就会给你派重担，然后画大饼忽悠我，说等负责东北区的那人一走，就考虑升我的职，当我是小孩？"肖江牢骚的时候，小柯一边负责倒酒，一遍跟着附和，罗列了公司种种弊端，同时夸肖江有能力，在这里做简直是屈才。受这些言论影响，肖江越想越委屈，不久后，就跳了槽。虽说他业务能力强，但到了新环境，一切还是重新开始，离升迁还很远。有一次，他参加一个前同事的婚礼，才知道他走后，小柯立马升为东北大区经理。这消息让他哭笑不得，同时感叹，造成这样的局面，跟自己的冲动不无关系。

在职场上，遇到任何问题，不能感情用事，更不可轻易被别人的言论所影响，冲动做出决定。人和人不一样，每个人都有自己的生存方式，有些投机取巧的人打的就是你对他不设防的主意，所以要想在竞争残酷的职场中生存下来，就要睁大眼睛，绝不让居心不良者钻空子。

当有人过于热情鼓励你辞职的时候，你不要随便就脑子发热。这时候的你，要跳出友谊的光晕，认真地分析一下这些说客的动机何在。一般来说，那些希望你离开的人，无非有两种如意算盘：自保或者觊觎你的位置。

像案例中的老陈就属于前一种人，他为了达到不降薪或者自己不被裁员的目的，就煽动一些人集体辞职，这样做对于公司而言，没有赔偿违约金的损失，即便事后知道了也不会开除他，毕竟没有额外的损失。而案例中的小柯则属于后一种，他自知业务能力比不上肖江，但只要游说肖江辞职成功，他就有了机会，况且等于职位将变动的消息肖江走后就他一人知晓，他完全可以利用肖江离开后的一段时间好好表现。

这些热衷煽动他人离开的人，有一个共同的特点就是自身工作能力不强，自信心不足，害怕强者成为他们晋升的拦路石，更害怕离开当下的公司无处可去。当然，还有一种可能是，这个说客本身比你能干，但是容易

记仇，你可能在什么时候无心得罪他了，他想趁机清除你这个人。如果是这样，你就要多反思了。

当你判定这些非常说客的不良企图之后，接下去，你不能去揭穿他们的企图，你只要不动声色地附和他们的好意，告知对方你会认真考虑考虑的。如果你揭穿他们的话，你很可能招致意想不到的灾难。这些本来就觉得你是一种威胁的人，很可能会索性造你的谣，还可能有其他的小动作。因此，你需要做的是，不得罪他们的"好心"，然后做好自己的本职工作，或者更加表现好一点，用行动去证明自己忠于公司的决心，用业绩捍卫自己的地位和职位。

HR智谏：

辞职与否是你一个人的事情，决定权只在你自己，千万不要受别人的支配。如果公司要开除你，那就等着最后的宣判好了。职场一直都是双向选择，被解聘是正常现象，不要怕丢人。比起面子，失去机会更不值当。如果真的有心跳槽，最好不要声张，也不要告诉他人。

Lesson 5

"不职业"是硬伤：
你在坑自己吗？

作为职场新人，经常会好心犯错误，这种良性出发点遭遇"不公平"结果的挫败感，也是年轻人"待不下去"的一个主要原因。

你有没有想过，问题出在你身上呢？

你怀才不遇，你积极热情，你原则性十足，你经验丰富，你感性率真……你是如此的"正常"，如此的完美，但是有时候正因为这些优点，断送了你的职业前程。

一、怀才不遇多半是自己造成的

你是如此有才，为什么总是得不到重用? 在跳槽大军中，不乏自以为"怀才不遇"的人。事实上，有调查数据显示：越是学历高、越是有资质、越是职业能力强的人，越容易跳槽。那些感慨自己怀才不遇，总是通过跳槽去寻找伯乐的年轻人，在老板换了一个又一个，却仍没有人赏识自己的才能时，就需要从自身寻找问题了。

很多用人单位反映这样一个事实：现在的年轻人普遍都认为自己是人才，由于自认为是人才，所以当企业并没有把他当做人才，没有重用他的时候，他就会觉得自己"怀才不遇"。企业方要对这些年轻人说的是，对每一个企业而言，招聘员工的唯一目的就是追求公司业绩最大化、利润最大化，他们对人才的定义就是"能为我所用者，能给我创造利润者"。如果员工不能为他们带来利润，即使有再高的学历、再渊博的知识、再丰富的经验，企业也不会录用他，也不认同这样的人才。企业的人才问题，本质上就是一个利润问题。

一个人是不是人才，最重要的是要把他放在什么位置上来认识和使用。企业招聘员工，并不是招最优秀的，而是招最合适的。有些人，在某个岗位可以做得很好，但在另外一个岗位却未必能做得好；在 A 单位是人才的，到同一类型的 B 单位未必就是人才。位置决定了一个人是不是人才，企业并非有意在忽视你的才华。

至于造成位置与才华的不般配，这也不能完全归因于企业和他人，就

从业者自己也有责任。一般来说，从事职位与个人才能不匹配，一是用人者的失误，对人才没有很好的定位，放错了位置；二是从业者自己在择业的时候，急于就业，在没弄清工作具体内容的情况下，就盲目地上岗了。

这里需要分享的是一个职场真理是：没有怀才不遇这回事。首先，没有人永远不可替代，一个人引以为傲的所谓"才华"，很容易成为过去式；其次，一个人觉得"不遇"机会，实际上只证明了一点：这个人过于急功近利。正如那句俗话："怀才就像怀孕，时间久了，总会被人发现的。"才能是一种现实的存在，你的领导或许能忽略它的存在性，却无法磨灭它的存在性。但在将来的某一天或许你的才能会被他们认同，只是时机未到而已。

"怀才"者之所以总是在不断地"不遇"，究其根源主要还在于他们自身有着致命的个性性格和职业缺陷。遗憾的是，大多数怀才不遇的年轻人习惯把这种职业缺陷当做自己的本事来加以炫耀，就是自己不注意改进和克服。

IQ高EQ低，是怀才不遇者的通病。怀才不遇者，无论学习能力、理论能力、实践能力等都相当强，但是情商过低，不能很好地控制自己的情绪和所作所为，自我管理方面太差，比如缺乏忍耐力、意志力、控制力等，凡事以自我为中心，与同事格格不入。

怀才不遇感觉越强烈的人，会越把自己孤立在小圈子里，无法参与其他人的圈子。一个有才华而不成熟的年轻人，如果在个性上锋芒毕露、太过自我或者过于直率，很容易惹恼那些将来有可能决定他们职业变迁的人。在团队中，最优秀的成员如果偏执且拒绝经协调达成共识，其实是在孤立自己、对抗他人。与周围环境相适应的行为方式不会必然地使你得到提升，但却似乎是成为提升对象的必要条件。

在怀才不遇现象的背后，隐藏着更深层的心理原因。心理学家指出，怀才不遇者往往具有"自恋人格"的特点：一方面非常奋发努力，渴望获得承认; 另一方面由于缺乏对领导意图的领会能力等原因, 难以获得领导的赏识。

改变怀才不遇的最佳途径是, 学会通过某种方式让上司注意到你的业绩、赏识你的努力。黄金埋在土里默默等待别人发掘及重用, 也许一辈子都不会被人发现, 一辈子都只会是普通的石块, 必须设法从每一个缝隙中透出自己的亮光, 价值才能得到充分体现。作为雇主方, 都希望自己的公司能够兴旺发达, 因此主观上他们并不愿意忽视员工的才智和能力, 浪费人才资源。但是, 领导并不都是天生的伯乐, 不可能总是那么敏锐地发现员工的优点。他们也会因为个人的偏好和习惯犯一些错误, 从而忽略了身边的人才。如果怀有才华, 就应在合适的时机、场合向领导展示你的能力与成绩, 有助于得到领导的赏识。

同时, 要克服以自我为中心的性格缺陷, 要尝试设身处地站在企业和领导的角度看问题, 多根据雇主方的需要而不是自己个人的好恶来调整工作, 也有助于得到公司和领导的赞赏。

HR智谏:

从职业发展的角度来看, 怀才不遇是一种常态, 每一个职场人都要经历。在怀才不遇阶段, 最关键的是要调整心态。一个人会处在不理想的位置上, 一定有它的原因。保持乐观、积极的心境, 不要因为怀才不遇去怨天尤人, 而是学会坚持和等待, 更好地完善自己。

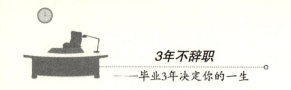

二、炸弹杰克 VS 橡胶超人

公司和个人一直处于一种尴尬的博弈关系中，不过显然，公司方一直是带有明显优势的一方，而对职场人士最具杀伤力的遭遇莫过于"被辞职"。在遭遇"被辞职"时，正确的、积极的、冷静的态度将是我们要面对的第一个难关，因为可怜之人必有可恨之处，我们之所以"被辞职"，或许正是因为我们的情绪出了问题。

C是北京某广告公司的新员工，工作虽积极努力，但因喜欢较真儿经常被女上司袁总讨厌和打击，C为能留在公司，每次都牺牲尊严，默默忍受。一次开会时，袁总又当着众人对C挖苦嘲笑了半天。平日沉默寡言的C猛然爆发，抢起椅子就向女上司砸去："别太欺负人了，大不了老子不干了！"袁总也火冒三丈，将手中的杯子摔向C，C的脸上顿时开了花，C怒极，顺手抄起裁纸刀就要捅去，幸好被同事拦住才没导致悲剧发生。结果呢？C被公司当场开除，又被公安机关以打架斗殴和蓄意伤害的罪名备案，履历上留下了永远的遗憾，真可谓赔了夫人又折兵。

C属于典型的"炸弹杰克"类型：对待职场中的不公平，总是一味地选择忍受，当忍无可忍时，就像"炸弹"一样爆炸，导致两败俱伤的结局，类似于"80后"小时候经常玩的一款名叫"炸弹杰克"的小游戏。

"炸弹杰克"实质上源于心理学家多拉尔德和米勒等提出的"挫折攻击假设"，该理论认为：当人们努力想达到一个目标而受阻时，容易产生挫折和愤怒甚至可能产生攻击行为，攻击的发生强度与欲求不满的量成正比，挫折越大攻击强度也越大。在这个例子中，C 的本意是尽可能地留在这家广告公司，而为了留下来，他可以无条件地忍受女上司的人格侮辱，当他确认留在公司的希望完全破灭时，巨大的挫折和失落感致使他采取攻击行为，以宣泄积攒已久的愤怒。米勒认为，挫折并不都会引起攻击，一般挫折若转为攻击，还需要环境中存在着引起攻击的线索。"炸弹杰克"C 的导火索就是那次开会时袁总的语言伤害。

竞争激烈的职场中，困难和挫折是避免不了的，如何避免沦为"炸弹杰克"的双输结局呢？

另一个真实案例会有所启示。D 加入某企业市场部做文案的时候，每次在完成工作后还经常主动给上级帮忙。D 的性格开朗活泼、成熟大方，对任何人都不卑不亢，对于领导或同事的错误也能委婉指出，而不会无原则地忍受。D 有很多圈外好友，节假日会和朋友们去旅游，回来后还记得给同事带礼物并分享旅途的趣闻。因此不仅同事们把 D 当成无话不谈的好姐妹，连苛刻的上司也对她特别看重，下个月准备推荐她参加轮岗培训。

对于 D 这类游刃有余的职场达人我们称之为"橡胶超人"：既像橡胶一样坚韧，又像超人一样充满智慧和力量。只有成为"橡胶超人"的职场人才能避免"炸弹杰克"的悲惨命运，对橡胶超人而言，挫折反而成为他们进步的阶梯和成长的维生素，更快地帮"橡胶超人"走上成功之路。

"炸弹杰克"和"橡胶超人"的距离只有一张白纸的厚度，而这个距离就是是否对情绪有正确的认知。心理学家爱丽丝著名的"A－B－C 理论"阐述说：情绪的产生不是因为事情本身，而是根源于个体的想法、态度和价值观。比如说，上述 C 的"爆炸"不是因为他失业，而是他对"失业"这件事情的看法令他倍感沮丧进而发生爆炸；D 之所以受欢迎，不是因为她敢于指出领导同事的错误，而是因为她对工作和同事关系有理性认识。爱丽丝认为人的情绪本质上是一种态度和认知过程。个人情绪其实是源自个人的人生和价值理念，当这些理念不变的话，情绪将永远保持下

去。也就是说C的"被失业"完全是自己一手造成的，如果他始终不能端正"失业"和"尊严"的关系的话，到任何一家公司，他注定都是"炸弹杰克"的结局，陷入"委曲求全 忍无可忍 两败俱伤"的恶性循环不能自拔。D则是因为有"橡胶超人"的基因，无论面对多少挫折打击，她都因为有理性的人生态度能很快地恢复原状，绝不会出现自我贬损和伤害他人的情绪危机，而最后会过上平和快乐和自我实现的幸福生活。

如何成为"橡胶超人"呢？

首先，要控制好自己的情绪，防止出现失控的后果。孙子兵法上讲"要先为不可胜而后求胜"与"预防胜过治疗"的管理学原则不谋而合。虎门销烟的林则徐为控制住自己暴躁的脾气而写下"制怒"二字送给自己。"炸弹杰克"C控制不住强烈的挫折感而诉诸暴力就是情绪失控的缘故，失控的情绪只能令情绪更糟糕，导致更加不利的现实后果。

其次，要冷静思考情绪困扰的源头。心理学家认为情绪困扰经常是将"想要"和"希望"变成"一定"和"必须"所造成的。负面情绪的出现通常是人们认为自己必须被周围所有人喜欢和称赞或者是人们相信自己必须拥有某事物所引发的，如C认为自己必须留在公司，而自己不能被公司留下时就产生愤怒情绪。职场中你不可能被所有人喜欢，面对女上司不喜欢的处境，C不积极沟通，反而无原则忍让，导致上级的侮辱变本加厉，最后C却诉诸暴力。究其本质，就是没有思考情绪的源头而被负面情绪裹挟的结果。

最后，要坚持理性思维的原则。心理学家麦特斯给理性思考总结出5个标准：理性思考必须以客观事实为基础；必须以保护你的生活而不是毁坏为前提；以更迅速地帮你达到人生目标为标准而不要迷失；必须能使你和别人保持良好关系而防止大的冲突；要能防止情绪困扰的发生而不是自找烦恼。例如"橡胶超人"D的成功是因为其性格的成熟，而她的成熟集中反应在她能客观地保持工作与人际关系的平衡。D不会因为自己是新员工就默默忍受别人的错误对待，也不会因为别人的错误对待就会使自己情绪失控，她还能婉转指出别人的错误而和别人建立良好的关系，去争取双赢。同时 D 还拥有多重情景的生活，而不会因对单一目标期望过高而崩溃。

总之，控制好自己的情绪、冷静思考情绪困扰的源头，坚持这 5 大标准，才能从根本上控制和杜绝负面情绪的产生并保持平静智慧的状态，才能远离倒霉的"炸弹杰克"，早日变身成为人见人爱、花见花开的"橡胶超人"。

HR智谏：

受挫是职场频频辞职的主因之一。职场挫折在所难免，挫折本身并不可怕，关键是我们的态度和处理方法，即在挫折面前的情绪管理。一方面，大禹治水告诉我们，要学会多渠道疏导。不要任由负面情绪积聚蔓延，平时多沟通，及时疏散。另一方面，每一个职场人都是以经济学上所言的"理性人"而存在的，一个"利"字让本不相关的人结为"同事"，所以要学会用理性战胜感性。理性思考能力实质上是职场成熟度的一个衡量指标，只有越来越理性，才能越来越适应职场生活。一个具备理性思考力的职场人，在挫折面前会权衡忍受抑或爆发的成本与收益。

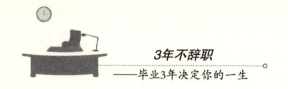

三、积极表现要把握一个度

积极表现一向被职场新人奉为适应铁律，但有时这条铁律却遭遇挑战。职场中经常有这种现象：因为热心过度，做出许多吃力不讨好的事。

小贾刚毕业就进入了一家行业领先的企业，满腹青云之志的他很想干出一番成绩来，不但对上司交给的任务充满热情，加班加点地工作，就连同事的一声吩咐，无论是打字、复印、校对，还是泡茶、浇花、订饭，全部有求必应，任何鸡毛蒜皮的小事都能让他殷勤地奔前跑后并乐此不疲。小贾认为多做事总没错，拒绝同事弄不好就伤了和气，那还不如来个体贴的"随叫随到"，起码可以赚得不少宝贵的印象分。然而，事实上他的做法却并不为同事所认可：老员工背地里说他野心大，太"高调"，处处想表现自己，出风头；一起进公司的新人觉得他想给自己邀功请赏，往上爬；就连上司有时也认为他太锋芒毕露，不注意与同事的团队合作。

拥有积极的工作热情，是一种难能可贵的精神，也是事业成功的必备条件。但像小贾这样过度表现，就会适得其反。

耶鲁大学的社会心理学通过研究得出这样一条令人咋舌的结论：那些在项目中甘于奉献的无私者，往往是最不受同伴欢迎的。事实上，无私的团队成员往往沦为合作伙伴们怨恨的对象，因为他们"提升了外界对大家的预期标准"，而这使其他人的表现看上去都不尽如人意。

过于表现除了让其他同事觉得不舒服之外，还会引起他们对你能力的质疑。比如，像小贾事无巨细地"随叫随到"，反而会让同事和领导对他的能力产生怀疑："小贾'保姆情结'严重，乐于做琐事，说明他适合做一些被动的工作，是缺乏创见和个性的。"偶尔帮助别的同事做一些事务性工作，别人感激你；但是经常表现得很热心，就会给人留下只适合当配角的印象。

过度积极表现，最严重的莫过于有越位嫌疑。在职场，越位是最大的禁忌之一。一旦你被贴上了爱越位的标签，后果就可能很不妙。作为新人，在积极表现的时候，一定要把握住"度"。

可以积极表现，但是不可以越位。有些工作可以抢着干，但是有些工作是不能随便抢的。公司对每个岗位都有相应的职责要求，你如果抢了别人的分内工作，导致对方无法交差，自然会令你的同事不满。而且，很多工作适合有一定工作经验的人做，你抢着做，会让你的上司为难，毕竟在你的能力还不到位的时候，这样做是有风险的。抢超出自己能力之外的工作去做，也会暴露出自己很多方面的不足和缺陷，反而不利。

可以积极参与，但是不可以决策。很多公司鼓励自己的员工参与公司或者部门的决策会议。在会议上积极发言，是新人出头的路径之一。但是要明白这样一个事实：下属是没有决策权的。你可以提出一些自己深思熟虑的建设性意见，但是一定要注意口气，多以"我建议""我个人的观点是"之类开始，要显得自己是在热情参与，但绝不是在指手画脚。

可以积极表态，但是不可以抢风头。表态，是表明人们对某件事的基本态度，表态同一定的身份密切相关。超越了自己的身份，胡乱地表态，不仅是不负责任的表现，而且也是无效的。作为下属，如果在上司没有表态也无授权的情况下抢先表明态度，造成喧宾夺主之势，这会令上司陷于被动。

可以积极辅助，但是不可以喧宾夺主。有些场合，如与客户应酬、参加宴会，应适当突出你的上司。作为下属，过于积极张罗，比如同客户认识，便抢先上去打招呼，不管领导在不在场。这样显示自己太多，而上司

不够，会引起上司的强烈反感，他会视你为"危险角色"，对你保持一定的警戒。

HR智谏：

初入职场，虽然内心里不要放弃那份积极与热情，但在表面上，要更加冷静，多一点内敛。做事之前多请示，多向同事和上司请教；在取得成绩的时候，把功劳分给更多的同事。只有掌握了这些，才能更好地度过磨合期。

四、完美主义是一种畸形美

在职场，总是会遇到这样的新人，他们自觉或者不自觉地实践着自己的完美主义：不管对人还是对事，都高标准、严要求，力争尽善尽美；即便做得非常出色，仍然不能满意；经常挑剔自己所做的任何事或他人所做的任何事；不断地为别人没能一次就把事情做好，而亲自去重做这项工作；不停地想，某件事如果换另一种方式，也许更加理想……完美主义本来是一种很好的个人修养，但是在职场，过分追求完美主义，则是一种病态。

西方心理学家把完美主义者分为 3 种类型。第一类是自我型。这类人给自己设定远大目标，并努力达到。他们容易陷入自我批判，情绪沮丧。第二类是总以为别人对自己有更高期望，于是为之不断努力。他们不愿意尝试新事物，因为害怕给别人留下愚蠢的印象。当觉得别人的要求不合理或者不公平时，他们只能默默地自我调节悲伤或者愤怒的情绪。他们要在人前展现完美，所以从不请求他人帮助，一切问题都自己扛。第三类则把高标准严要求的对象拓展到其他人身上，要求他人也十全十美。他们把对自己的要求强加给别人，觉得这样才公平。这类人往往处理不好人际关系。

持完美主义的人，对任何事都要求达到毫无缺点的地步，难免只按理想的工作标准苛求别人，而不按现实情境考虑应否留有弹性或余地。这样往往会带来两大灾难性的后果：一是给同事们带来压力，大家都不愿意与之合作；二是严重影响到效率，拖团队的后腿，给公司带来经济损失。

同事 Y 在项目结束后，私下对部门人员说："老子再也不想和 y 做搭

档了!"原来在这个项目提案过程中，针对策划方案，两人没少斗嘴，原因就在于 y 喜欢吹毛求疵，明明已经很好了的方案，他非要修改来修改去，一直拖到最后一刻，再出手，搞的上司对他们的进度问题很不满。

职场完美主义者对什么都看不顺眼，看不顺眼如果不说出来也就罢了，关键是，他们还觉得完全有必要让别人知道什么是最好的。为了证明什么是最好的，他们要么好为人师，不厌其烦地教导别人该如何行事，而这些婆婆妈妈的说教只会让他们在别人心目中的地位降低，让别人感到厌烦和无法忍受。要么就是以自己的行动示范给别人，为了做出最好，他们会不惜代价地磨蹭。

职场完美主义者多发生在新人身上，经历越单薄，就越容易中完美情结的毒。说白了，是因为职场菜鸟不懂得上司关注的两个核心问题：效率和信任。新人接到任务时总是抱着这样的心情：百分百完成，交给上司一个满分，让他从此刮目相看。

事实上，很多时候，上司交给下属的任务，很难短期内做到完美。如果你为了追求 100 分，闷头去做，5 天过去了，没有和上司沟通；10 天过去了，没有向上司汇报。这会引发两种情况：其一，上司心里发毛了，不知道你在搞什么，到底做了工作没有，不知道进展怎样了；其二，上司不能及时给予指导意见，纠正方向性偏差，导致可能最终南辕北辙。

如果你按住作怪的完美主义情结，及时地将只有 10 分的阶段性成果汇报给上司，纵使这个结果不是很完美，但这个及时的速度就已经足够让老板满意。你一个 10 分成果接一个 10 分成果地递交，会让上司知道你的进度、你的思路，对你也会给予足够的放心，或者必要的指导，这种信任往往比看到高分的惊喜来得更实在。

相反，如果你一直闷头做到自己满意，当你交出高分答卷之前，上司早已透支自己的耐心，在没有看到你的一个成果之前就决定走马换将了。最坏的结果可能就是，你交了一个自认为高分的答卷，结果上司看了，整个方向跑偏，你就彻底失去了他的信任。

可见，职场新人的完美情结，令你的同事、上司和自身都受累。那么，新人如何克服自己的完美主义冲动呢?

首先，要改变自己的认知模式。要知道世界上没有十全十美的事物，保持一颗平常心并知足常乐，才是完美的心境。尝试在紧急时刻"马马虎虎了事"。

其次，要改变释放方式。用恰当的方式释放自己压抑的心情，做事情尽量抱着一种欣赏、感受、体验快乐的心情，要争取每时每刻都能从生活和工作中感受到快乐。培养积极的同事关系和团队精神，分摊压力，相信同事，做到该放手时就放手。

再次，有强迫倾向的人要陶冶个性。不要过分在乎自我，譬如总是问自己我做得好吗? 这么做行不行? 别人会怎么看我之类的问题。如果过分在乎别人的看法，人就成了舞台上的演员，忽略了自己的存在。

最后，要学会顺其自然，不要和大环境对着干。对自己的想法、情绪和行为过分较劲的人，很容易患强迫症。强迫症的另一个特点是喜欢琢磨，他们活得不轻松，芝麻大的事情往往会想成天大的事来。因此，在思考问题时，要学会接纳控制不了的局面，接纳自己所做的事，不要钻牛角尖。

HR智谏：

心理学上所指的完美主义者是那些把个人的标准都定得过高，不切合实际，而且带有明显的强迫倾向，要求自己去实现不可能达到的理想的人。因为，职场新人克服完美主义的关键在于两点：一是降低标准，二是放弃强迫自己和他人的行为。

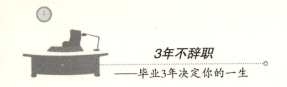

五、别因为原则而格格不入

职场新人往往喜欢非黑即白看世界，在他们眼里，一切事物都应该像有标准答案的考试一样，客观地评定优劣。他们总是觉得自己在捍卫信念、坚持原则。殊不知，这些原则，别人可能完全不以为意。结果自己落了个格格不入，在公司无法容身。

办公室不是一尘不染的宝地，各种顽固恶习都可能存在。有人喜欢占小便宜，出差多花点公司的钱；有人用公司的快递送自己的私人物品；有人在公司之外开了自己的供应商公司；还有人涂改了公司的报价单……可以列举的事实其实更多。难题是，当你发现自己的同事甚至是敬仰的上司做了这些你认为不应该做的事怎么办？

刚走出校园不久的 V 最近就非常痛苦，因为她总是清醒地看到上司的恶习，虽然她一遍又一遍对自己说人无完人，但依然不能释怀。因为实在看不下去了，有一天 V 终于走进了人事部递交了辞职信。辞职理由是价值观念有所不同。主管被 V 搞懵了，特地找她谈心，V 一吐而快，把平日看到的诸多"不对"悉数列举。最终，主管没有挽留她，只是像朋友一样告诉 V："这样的事情、这样的人每个公司都有，有时糊涂就是最好的聪明。"难道在职场就没有是非观念了吗？V 后来又转过几家公司，经历的多了，看的多了，她才明白了老上司此言非虚。

在职场中，不能永远是非分明。事实上，很多事情并没有明确的是非对错。你心目中的是非一定带着自己的主观看法，如果总是将这种不成熟的主观看法公之于众，对你的攻击对象是不公平的。有时候，睁一只眼闭一只眼，是非不分在某种程度上代表着一种宽容，宽容一些，周围的是非自然会少一些。

实际上，老板喜欢工作"较真"的员工，但不喜欢做人"较真"的员工。在职场中，如果一个人过分讲究原则，难免会碰钉子，为周围的人所不容。在工作中，不是你把所有的事情做好了就是认真，有时候事情没做好，在领导的眼里也是认真，因为你认真地揣摩了领导的需要而且尽可能地配合了领导的需要。认真不是较真。为什么很多兢兢业业工作的人没有得到晋升，而工作并不出色的人反而得到提升？因为前者多较真，而后者是认真；前者多被领导表扬，但和领导走得远；后者多被领导批评，却和领导行得近。

初入职场，需要对自己原本的道德观做一个调整，很多原来看起来对的，未必就那么对；原来错的，也未必就是错的。原来，对错的差别，并不是那样简单。

中国人自古有"难得糊涂"的处世方法。"难得糊涂"所提倡的是对外界事物包容并蓄、不为苛察的态度。我们不必苛察严究事物的好坏是非，不妨以圆通、灵活的态度对待之，使之向有利的方面转化。如果不是原则性的问题，用这种态度处理是比较明智的。还有一些事情很难分清是非，或者不值得花时间和精力去分清是非。对这样的问题采取"难得糊涂"的态度也是比较明智的。

存在即合理性，"看不惯"本身没有意义。职场做人起码视点要有一根"延长线"，要能通过缺点看到背后的优点。不要用传统的好和坏的道德观去评价职场上的事情，这样很容易造成狭隘的职场观。在职场上要做的事情是：解决问题，推动事情往前，把更多的资源整合起来，让更多的人配合你。

HR智谏:

当一个人越坚持原则, 他的对抗心理就越强, 就好像你用双手去推东西, 你的用劲越大, 反作用力越大。而当你手的力道变得温和时, 你受到的反作用力就会越温和。所以, 为了保障事情的顺利进行, 为了让同事间的关系得到较好的维护, 在坚持原则时, 要讲究艺术。

六、别让个性阻碍职业发展

2008 年 11 月 16 日，央视著名解说员黄健翔毅然向央视提出辞职，并于当天迅速办完离职手续。毫无疑问，其辞职与"解说门事件"脱离不了关系。据职业专家分析，性格问题是黄健翔辞职的深层原因。

体育是激情运动，但激情不能失去理智，任何对于体育的娱乐式解说都不能忽略这一点。有些话私人场合可以说，但公众场合绝对不可以，没有对与错，只是场合不同。黄健翔作为一个体育解说员，失去了中立性就意味着失去了一个解说员最基本的职业素养，现场解说员一定要客观地报道他当时的所见所闻，尽可能多地提供一些信息，让观众自由评说，而不是自己随意评说。毕竟，萝卜白菜各有所爱，解说员一旦个人色彩太浓，至少会得罪一半观众。

如何将自己的个性与工作要求更加紧密地结合，在工作中怎样适度地发挥自己的个性，黄健翔遭遇的这个问题，也困扰着很多职场新人，尤其是一向喜欢标新立异的"80 后"们。

Z 毕业后凭着过硬的新闻素养，进入一家著名的媒体集团。Z 喜欢的东西永远与众不同，从不断更新的 BLOG 上，同学们都知道她的新宠又有了变化：闪光的亮皮包，夸张的手机吊坠儿，窗帘布一样的裙子，浅绿色的指甲油……实习期过后，正式分配完固定的办公桌，Z 开始打扮自己不到两平方米的格子间：电脑显示器上贴满了她和男朋友的大头贴；受不了黑灰色的办公椅，她专门扯白色的天鹅绒把椅子包起来，上面还放一个绒

毛的心形靠垫。同事对个性张扬的 Z，表面上夸其青春有活力，背地里都笑称其为幼稚的"狗仔"。

对于同事们的看不顺眼，Z 潇洒地说："我不在乎。"实际上，你必须在乎，因为你可以不喜欢别人，但一定要让别人喜欢你。在职场上，如果别人不喜欢你，同事们不信任你，你很难待下去。

据知情人士披露，直接导致黄健翔离开的是一封检举信。信件中列举了黄健翔近期违反播音员主持人相关管理规定，未经批准参加社会活动，其中包括"时尚先生"评选及相关仪式、与某网站合作的"黄健翔进校园系列活动"、金鸡百花电影节，还有在德云社 10 周年庆典上与足球记者董路合说相声。信件指黄健翔参加上述活动未和台里、频道以及播音组内的任何负责人通报，而且以自己有事为由，要求安排值班的编辑将自己负责的节目取消由他人代替，导致 2006 年 10 月 28 日及 29 日夜间原本应由他负责解说的两场德甲直播改由段暄解说。

当然信件也不放过"解说门"，夸大地指则黄健翔"自我检查"不诚心，只是停留在了书面上，并未在思想上引起足够的重视。信件得出的结论是："黄健翔同志的种种行为是一种无组织、无纪律的表现，但是，黄健翔同志本人并没有认识到这一点，思想上还存在着潜在的不良情绪，随时有再次犯下更为严重错误的可能。这样发展下去，将为台里和频道带来不可预料的严重后果，同时也为组内强化制度、强化管理带来了很大的压力。黄健翔同志的行为给许多年轻人带来了负面的不良影响，不利于组内良好风气的形成，更不利于队伍的建设和对年轻人的正面引导。"

这封检举信说明了两点：有同事希望黄健翔离开，黄健翔平日里与某些同事不和谐。能力再强、文凭再高、个性再酷，也要先过融入集体这道关。个性，有其独特性，但是当我们要和别人打交道时，这个显示我们独特性的特质就应该能伸能缩，还能变成各种形状。如果你不能用你非凡的能力征服别人，还是尽量融入团队比较好。

千万不要把职场当成了表演个性的场所。因为你张扬的个性形象可能会直接损害公司的形象，会让上司对你的印象大打折扣，会让上司对你的工作能力表示怀疑，会让客户对你的信誉产生质疑，会让同事们对你的职业成熟度产生误解。

很多新人在发现自己的性格不适合现在的工作时，轻易地选择离开工作岗位。其实，在职场中，尽管我们每个人都会根据所处的环境和所打交道的人采取不同的行为方式，但我们的性格是基本保持不变的。你的性格会让身边的人预测到你的很多方面，这是你存在的依据。当然，性格也可能改变，特别是当你努力认识自己的潜能并试图开发它们的时候，但这个改变需要相当长的时间，是一个潜移默化的过程。所以，职场新人，接受自己的性格，改变工作的现状，才是最切实际的做法。多向老同事学习，包括他们穿什么服装，做什么事情，不做什么事情等，让自己和所处的环境融合起来，不要让领导感觉到你的"特别"。

HR智谏：

在职场上，个性必须受到企业文化、岗位职责、团队合作等方面的限制。企业的分工越来越细，员工的角色只是公司的一颗螺丝钉，换了谁都不会影响公司的运转，就像流水线上的一环一样，很少有发挥个性的空间。职场新人，收敛个性，放低姿态做人处世，或许会收到意想不到的惊喜和效果。

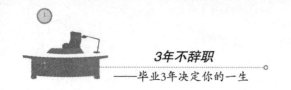

七、自尊是职场发展的绊脚石

比尔·盖茨说："这世界并不会在意你的自尊，这世界指望你在自我感觉良好之前先要有所成就。"盖茨的这句话是要告诉初入职场的人，在你毫无职业积累的情况下，不要太过于在乎自己的自尊。

J和j同期进入某大公司，J毕业于上海某名牌高校，而j只是来自湖北一所名不见经传院校的专科生。工作伊始，J占尽绝对优势，他知识结构丰富，反应迅速，很快就得到了同事们的一致好评；而j显得资质一般，不被同事重视。但是过了一个月之后，形势很快就发生了变化。久而久之，同事们就发现，j更懂得与人沟通之道，他喜欢开自己的玩笑，无伤自尊，却博得众人的捧腹大笑。而J呢，总是很敏感，有时候开个玩笑，他会记在心里很久，搞得大家都不敢开他的玩笑。最要命的是，J太爱面子，有时候老员工请他帮个小忙，比如拖地、打印文件、录数据、发个传真，他都觉得这不是自己分内的事情，自己堂堂一个名牌院校毕业的人怎么能做这种高中生做的事情？为什么要受人指使呢？有时候，被领导叫进办公室批评几句，他都会委屈地面红耳赤，有一次更是严重到请假两天。他这种敏感的性格，使同事皆敬而远之。

很多像J一样的职场新人，在参加工作的头几年，受不了社会和职场对自尊的"吞噬"。从心理学上讲，自尊是一种精神需要，是人格的内核。维护自尊是人的本能和天性。但是，自尊也必须要有一个度。一个人如果对自尊过于敏感，或者过于追求，则表现为心理不成熟，常常给自己和身边人带来痛苦。

正如新东方总裁俞敏洪所言："自尊从何而来？自尊不是自吹自擂而来，而是来自真正的成就。"在职场，人际交往能力、应变能力、实力背景，这些综合的因素形成了属于个人的能力。如果能力到位，那么自尊就会被重视；如果能力不足，自尊心就一定会受到伤害。在有实力以前，过度强调自尊心和个人的感受，不但不会得到同事的认可，还有可能延误自己找到正确的做事方法。

当在和同事交际受到冷遇、自尊心受挫的时候，千万别发作。不妨向 j 学习，放宽心，多自嘲，增加自己的自尊承受能力。有时候因为工作压力或者家庭生活原因，你的同事可能情绪不佳，这个时候，言行可能过激，不小心伤了你的自尊，不必太在意。毕竟，谁都有工作厌倦的时候，无法保证每天都能调整到最佳状态。

人是具有社会属性的，需要得到别人的认可，需要得到尊重是一种本能的心理需求。你满心希望你的同事来肯定自己花了很多心血做的方案时，偏偏得到的是全盘否定，这时的自己肯定会受到强烈的刺激，你肯定会有"害羞"感，或恼怒感，这很自然，每个人被人议论时，都有不适的感觉。但如果为了自尊，当下和同事进行辩解、反驳，甚至是争吵，这就大错特错了。以这样的方式来维护所谓的自尊，只会使事情变得更糟。理性的做法是采用心理学上所讲的"分析法"。

用平静的心态分析对方所议的对不对，是否真实。如果确实存在，那就虚心接受，接受错误，改正错误。如果议论有不恰当的地方，不去置理，他们说他们的，做好你自己的事就行了。

作为下属员工，工作中出现了差错而被上司批评，是经常发生的事情。心理素质高的员工，能够很快通过提高思想认识，振作起精神，进行积极的自我调适，重新开始，以努力工作来洗刷过失。但是自尊心过强、敏感多疑、对挫折耐受力低的职场新人，往往会把问题看得过于严重，担

心同事会看不起自己，上司今后也会用"有色眼镜"看待自己，前途无望了，从此一蹶不振。后者必须调整心态，正确对待上司的批评。

首先要认识到，由于每位上司的工作方法、修养水平、情感特征各不相同，对同一个问题的批评方式就会表现出明显的不同。不要渴望每位上司都是和风细雨式的批评。作为下级，不可能去左右上司的态度和做法。只要上司的出发点是好的，为了工作，为了大局，为了避免不良影响或以免造成更大的损失，为了帮助你、挽救你，哪怕态度生硬一些，言辞过激一些，方式欠妥一些，作为下属也要适当给予理解和体谅。不去冷静反思、检讨自己的错误，而是一味纠缠于领导的批评方式是否对头，甚至当面顶撞，只会激化矛盾，更加有损于自己的"面子"。

如果上司估计下属员工的自尊心，下属员工犯了错误也不批评，对企业和下属员工本人都是不负责任的表现。如果任其而为，那就是上司的失职。这位上司很可能会因此而受到更上一级领导的批评、惩处，而这位员工也就失去了一次成长的机会。作为新人，如果你在接受上司批评时，自尊心受不了的时候，要这样告诉自己：领导是在履行职责，对事不对人。

HR智谏：

> 当新人在职场还没有实力、没有地位的时候，只有牺牲自尊，才能换取职业能力的提高。这是一个必经阶段，越早意识到这一点，离职业成熟就会越近一点。

八、"不职业"是新人的硬伤

Ella 在与客户交流的时候，声音越来越重，语气越来越激烈，等她"啪地"一声把电话搁下，眼泪也刷刷流了下来。办公室气氛立马变得很尴尬，但是坐在一旁的同事们都装作看不见。Ella 觉得同事们简直太冷漠了，于是索性趴在桌子上抽泣着说："我做不下去了……怎么会有那么难缠的客户！"主管只好把她叫到了会议室，听她断断续续地说了缘由，无非就是客户的几句抢白，Ella 受不了罢了。

看着 Ella 不再哭了，主管这才对她说："我希望你以后能表现得职业化一点，不要因为个人情绪问题影响到其他同事办公。"原来，同事们的冷漠是不无原因的，这已经不是 Ella 第一次在办公室哭了。

在职场，眼泪是不能为你博得同情分的，相反，眼泪在别人的眼里只代表着 3 个字——不职业。初入职场，对于新人来说，首当其冲的任务就是尽快实现职业化。职业化的意义就在于能够帮助你胜任工作，能够帮助你做到训练有素。

"职业化"是一种在职场中专用的语言和行事规则。在职场中的人都用这种语言说话，都用这种行为和道德准则来办事，而一个非职业的人往往不能拥有这种语言和行事规则，因此总是和职业人士合不上拍，给人留下"非职业"人士的印象。

很多时候，你在同事和老板心中是否树立起职业化形象，将决定你的去留。职业化形象体现出你在该职业领域的专业性，任何使你显得不够职

业化的形象，都会让人认为你不适合你的职业。

一般来说，职业化形象主要体现以下几点：第一，仪表仪态要符合行业特色、企业文化、办公环境、个人职位、个人特色等；第二，行为举止要规范得体；第三，待人接物要有理有节；第四，办公室礼仪要符合职场规范；第五，注重商务礼仪——对外树立企业形象。

你的职业化形象其实是你在职场的第二身份。你的第一身份，是公司赐予你的正式身份，而这第二身份往往更受人关注，因为它反映出你的社会价值。比如，客户在与你打交道时，他自然会看重你的第一种身份，他要看你是什么职务，负责什么业务，拥有多大权力，这样他好决定采用什么方法和态度对待你；与此同时，他更注意你的第二种身份，即看你说话有没有分寸，办事有没有原则，是否讲礼貌，是否守时重诺等。总而言之，他会注意你的职业化形象；如果他认为你不职业的话，就会怀疑你的能力。

职业化说起来很神圣，其实，在现实中，对于你的老板和同事而言，就是你在日常为人处事中所表现出来的细节。有句英文这样说："Devil in the details。"就是说，恶魔藏在细节里，小细节往往造成很可怕的后果。汪中求先生在《细节决定成败》一书中说："芸芸众生能做大事的实在太少，多数人的多数情况总是只能做一些具体的事、琐碎的事、单调的事。也许过于平淡，也许鸡毛蒜皮，但这就是工作，是生活，是成就大事的不可缺少的基础。"细节决定成败的道理，在职场尤其适用。

在细节处体现职业化，就是职业化的精髓。那么，哪些细节会摧毁你的职业化形象呢？作为新人，你要注意哪些细节呢？

（1）不要穿着太夸张上班。职业化形象首先要在衣着上尽量穿得像这个行业的专业人士，宁愿保守也不能过于前卫时尚。

（2）接电话。拎起电话比较得体的是"你好，公司"或者直接报自己的名字，而不是张口就说"喂"。替同事接电话，千万不要大大咧咧地对对方说"上厕所去了"，要礼貌地说"他不在座位"。

（3）邮件往来，要记得在主题上标明邮件的主题，没有主题的邮件，浪费别人的时间，而且很可能被别人当做垃圾邮件处理。

（4）不要随便讲黄色笑话，尤其是当着女同事的面，也许你会把部分人逗得喜笑颜开，但是在其他人的心中，你的形象却下降了很多。

（5）不要在上班的时候看一些乱七八糟的网站。如果你自以为没什么人注意到你正在干什么，或者以为自己是电脑高手，可以将你登录过的网站删得不留痕迹——你显然过高地估计了自己的手段。你的老板能够非常简单而迅速地查到你到底在用你的电脑干什么，如果他想这样做的话。尤其在设施完善的大公司里，这点更是易如反掌。而你的同事在去洗手间的路上，还是偶尔伸个懒腰的惊鸿一瞥中，你的机密就可能泄露了。

（6）不要乱用公司的电话。有时候你自以为用降低声音或者改变说话的语气，就可以人不知鬼不觉，事实上，只会让你的同事更加猜疑和好奇。

（7）开会的时候记得关掉手机。你的手机声音只会让身边的同事感到厌烦，尤其在老板跟你谈话时，或者在重要的会议桌上。

（8）不要把你的办公桌弄得比垃圾篓还要脏乱。你习惯如此，但是你的同事会觉得你把家庭作风带到了办公室。

（9）在与客户会晤的时候，尤其要注意。穿正装是基本的，最主要的是注意谈吐。避免谈话时用太多俗字、太网络化的字眼和太多惊叹语气，这样与客户谈话会显得你很不庄重而且很浅薄。应该用一些比较正式的字眼，学习外交官的讲话风格——含蓄而迂回，而非直接刺激或肤浅。

（10）MSN、QQ 签名也很重要。老板不可能真正了解每个人的情况，也没有必要去了解，因此在这种情况下，MSN、QQ 签名就成了老板最直观的判断。你的签名总是牢骚满腹、抱怨不断，在老板看来，你的情绪不稳定，会影响工作效率。另外他还会担心你把消极的情绪散布开来，影响

团队热情，影响公司形象。

HR智谏:

　　职场中，你的形象价值百万。很多用人单位不愿意招应届毕业生，因为应届毕业生虽然有知识，但是没有职业化水平。毕业头3年正是提升职业化竞争力的关键时期。这3年中，你要树立职业化理念、培养职业化精神、定位职业化心态、提高职业化素养、塑造职业化形象、掌握职业化技能。

Lesson 6

定性修炼：
**　　　远离跳槽这种传染病**

每个人都会遭遇职业上的心理断乳期，总会有自觉干不下去的时候；当身边的"跳跳族"用跳槽换来涨薪的时候，定力不强的人就会受到影响。这个时候，要唤起理性，让自己那颗浮躁的"驿动的心"渐渐平息下来。

一、别人跳得好与坏与你无关

2009 年刚毕业的小何，工作大半年后就跳到了现在这家公司。因为小何的专业是商务英语，而现在这家公司是做外贸的，需要她这样的人才。眼看着几个同学都去了类似的公司，加上自己现在的工作很不开心，小何干脆来了个"裸辞"。所谓裸辞，就是还没找好下家就辞职了，不给自己留退路。

辗转一番之后，小何终于找到了这家她认为是自己"完美一跳"的公司。可是她进公司后才发现，当初应聘的是外贸助理，可是实际做的是市场助理。由于公司业务拓展很快，公司又让她负责国际市场的开发。小何压根儿不喜欢与陌生人打交道，根本适应不了现在的工作。尽管薪资比做助理的时候有所增加，但她觉得压力太大。公司最近又给她下达了更大额度的任务，完不成就要扣工资。部门里的同事基本上都还能够完成任务，但小何就心有余而力不足了。在这种情况下，她又动了跳槽的念头……

许多盲目跳槽的人往往在看到自己的同学、朋友或身边的同事一个个去了环境更好、薪资更高的公司，赌气之下跳槽了。

总想着找一份更高薪的工作让同学刮目相看。事实上，最初薪水高的人未来的发展未必比起点低的人好。更重要的是，不同行业、不同职能岗位，没有什么可比性，盲目地与周围同学朋友比较，只会让自己心态失衡，跳槽失误。

有这么一则寓言：猪说假如让我再活一次，我要做一头牛，工作虽然

累点，但名声好，让人爱怜；牛说假如让我再活一次，我要做一头猪，吃罢睡，睡罢吃，不出力，不流汗，活得赛神仙；鹰说假如让我再活一次，我要做一只鸡，渴有水，饿有米，住有房，还受人保护；鸡说假如让我再活一次，我要做一只鹰，可以翱翔天空，云游四海，任意捕兔杀鸡。

这则寓言告诉我们，风景总在别处。其实人总是在这样互相羡慕的。每个人的处境都不同，别人永远无法模仿。每个人都有自己的人生轨迹，求职也是同样道理。也许两人条件差不多，但别人善于推销自己，把握机会的能力强些，最终的职业取向，乃至职位、薪酬、福利等回报都要好些。更不用说原本自身实力就相差甚远，只能适合做普通员工，却一厢情愿地同别人比岗位、薪酬，这是不符合实际的。

你羡慕人家跳槽跳得好，而事实上对方跳得未必就好，只是为了面子而撒谎了呢？人们都习惯把自己最风光的一面展现给大家，我们又总愿意把别人的生活想得过于完美，可是又有谁能看到风光背后的东西呢？很多时候，得到的多意味着所承担的也多，每件事就像一枚硬币一样，有正面就一定会有负面，只是我们总习惯看正面。当你羡慕别人的工作的时候，有没有想过他为此付出的相应代价？

即便人家跳得成功，你有没有想到人家确实积攒到跳槽的资本，而你却没有呢？

春节过后，某电脑公司的高级 sales 小王向总经理提出辞职，总经理对他多方挽留，不但主动给他增加薪水，还承诺在短期内给他晋升职务。原本想跳槽的小王最终打消了念头，留下来继续为公司服务。

这个消息很快传到了小于的耳朵里。小于想，不如向小王学习，总经理肯定也会给我升职加薪，以作挽留。

于是，经过一番准备，小于走进了总经理办公室，表示自己也想辞职。不料总经理非常爽快地答应了，毫不犹豫地对他说："那好吧！既然你去意已决，我也不好强人所难。尽快办一下交接手续吧！"小于一下子傻眼了。

原来，小王销售能力一向超强，而小于一直表现平平，他留在公司的唯一优势在于他比较老实、听话。对于这样可有可无型的员工，企业是不会太挽留的。

你看到别人辞职的时候，最好先正确掂量自己的分量，给自己一个恰如其分的定位。如果看不到这一点，一味地盲目与别人攀比，就会对自己产生错觉，从而做出傻事，最终搬起石头砸自己的脚。

中央电视台著名的新生代主持人刘芳菲说过："永远不和任何人比。拿自己和别人比是一件既耗体力又耗心力的事情，而且会让自己不快乐。"与其仰望别人的跳槽成功，不如把所有的精力集中在如何提高自己职业价值上。

和别人比较是没有任何意义的。只有和自己比较才是最有价值的，你的今天比昨天强，就证明你进步了。只要你离自己的目标越来越接近，只要你的明天比今天好，就说明你是成功的，早晚有一天，你也会成为大家羡慕的对象。

HR智谏：

虽然看别人跳槽觉得很平常，但真要轮到自己来实际操作，却往往并不那么容易。还没有三思好就别跳槽。

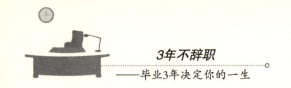
二、不要因为义气追随上司跑

刘宁在一家大公司工作近两年了。毕业到公司的时候，上司对他很关照，他等于是上司一手培育的，上司教给他很多业务知识、谈判技巧和职场常识。在上司的帮助下，刘宁成长很快，成为了公司的明星员工，刘宁一直对上司怀有感恩之心。事实上，两人私交也很好，工作之余常会在一起喝点小酒。

前段时间，上司因为管理失误造成严重后果，被公司通报批评，还罚了款。上司耿耿于怀，最后决定跳槽。离职前，上司私下找到刘宁，承诺如果刘宁跟他一起离开，就为他在新公司安排一个职位。刘宁尽管有点犹豫，毕竟自己对这家公司各方面都很满意，暂时没有跳槽的打算，但又觉得不跟他走似乎有点背信弃义，而且没有了老领导的关照，不知道自己未来的工作会不会顺利，于是跟着跳槽了。

进入新公司之后，刚开始的时候一切似乎如愿，职位比原公司的高了一级，薪资方面也涨了一半，表面上刘宁和新同事们融合得很好。可是，很快刘宁就痛苦地发现，自己成了两头受委屈的新人。

在新公司，上司和刘宁一样，要从零开始。为尽早适应环境，上司玩命工作。为避嫌，上司对刘宁的要求格外严格。而新公司的同事们，表面上信任他，实际上总是刻意疏远他，工作中也不情愿与他配合，这使他处于非常被动的地位。

在职场，"上司跳我也跳"是跳槽的多种方式中常见的一种。像刘宁一样的新人，在被上司挖角一起跳槽的时候，容易意气用事。是否跳槽，判断不应以老上司的意志为转移，而是个人的价值取向。对个人而言，随你的顶头上司一起跳槽，固然可透过他从新东家处争取到比较好的薪水或头衔，但毕竟对个人生涯发展的考虑才是重点。

从人性的角度讲，老上司的培育与关照，彼此之间的情感与信任，是难能可贵的，对老上司的感激与回报都是情理之中的，属于正常人际关系范畴。但是，从职业发展的角度来看，盲目地跟着上司跳槽，将自己的未来发展和上司的命运也绑在一起，荣辱与共，风险很大。

太多的例子显示：与上司一起跳槽，结果双方的发展都不好。一方面，上司进入新的公司，要面对新的团队，如果带着自己人一起过去，会让新的下属产生抵触情绪，无形中给上司很大的压力。另一方面，下属同样很有压力，因为他被新的同事视作上司的自己人，往往做的工作比别人多，得到的回报却和别人差不多，而且成绩难以被认可，因为别人会认为你是凭关系才有这样的业绩。

因此，当你的顶头上司邀你一起跳槽的时候，你最好先刹住你的义气。一边是直属上司的人情压力，一边是原公司的大好前程，你到底该不该走？你最好直接且立即面对这个问题，不妨在心里多问几个为什么。

上司为什么跳槽？

在你下决定之前，务必跟上司感性、有方向地沟通。一旦你被上司要求一同跳槽时，你必须捺住兴奋的心情，以感性的口吻了解上司跳槽的真正原因，或直接问及对原公司的想法，借此了解上司到底是抱着理想跳槽，还是负气跳槽的。

人的行为动机不外乎包括：因利而为，因困而为，因义而为。在上述案例中，老上司的跳槽是因困而为，刘宁想跳槽却是因义而为，行为动机是有差别的，不同动机的行为其结果也是有差异的。刘宁出于义举想跟着

跳槽，其理由是不充分的，前途是迷茫的，自然会导致内心冲突。

为什么挑中的是你？

那么多下属为什么偏偏选中我？他会不会是找我去当垫背的给他壮胆？在上司与新公司达成一定协议后，你必须了解新公司对你个人的评估，你在独立跳槽情况下在新公司的价值，他们为什么愿意接受多人一起跳槽，是急需人才还是仅仅挖对方墙脚造声势？你要审慎判断上司带你跳槽的目的是欣赏你、利用你还是利益上有共同点。

跳槽的老上司有两种动机：一种是双方合作愉快，上司认为可以在新公司保持更好的合作关系，以实现双赢；另一种是为自己的利益，或者是打击原公司，或者是在新公司增加砝码。

有些上司看上的是你的关键技术与优势才能，而有的上司则是看中你无可救药的忠诚。有的上司懂得疼惜人才，处处为你谋福利；有的上司则是把你当面纸用，用完即丢。无论如何，上司跳槽一定是从他的自身利益出发，而且他并不负责你的后半辈子，所以，一定要理性看待这件事。

你为什么要离开？

决定是否跟着上司跳槽前，一定要认清自己想跳槽的原因是什么。是眼前工作压力大？职业倦怠？职场上有所谓的三七定律：假设你对三成的工作内容感到枯燥，但七成是满意的，那么你还算满意目前的工作。如果仅仅是对个人工作状况不满，首先要明确自己不满的东西是什么，能不能自我调节，否则就算跟上司到了新公司，同样会出现问题。

新公司真的有发展吗？

在上述案例中刘宁的遭遇，我们不难看出：能否适应新公司的环境、能否达到新老板的期望值、新公司老员工是否排挤你，决定着你的跳槽是否成功。

跟着上司跳槽，"背靠大树好乘凉"常常被认为是重要的加分因素，但这很可能是下属一厢情愿，事实未必真的如此。无论职位高低，进入一家企业，肯定要有一个适应过程，你的上司也是如此。他自己的脚跟还没有站稳，你这个老部下就跟着过去，只能给上司融入新的企业带来更多的阻碍。一般来说，一个人融入一家公司，需要3~6个月的时间，如果是一个团队那肯定时间会更长。

HR智谏：

是否去新公司跟上司无关，上司为你搭了一座桥，跟或不跟，没有对错，只是多了一次选择。作为职场人，最需要考虑的应该是根据职业生涯规划来确定自己的走向。你此前的职场生涯几乎是在老上司的栽培下成长的，但这不等于以后的路就一直要与老上司相伴。即便老上司没有跳槽之举，也很难说他将永远辅助你一路顺风地晋级迁升，而个人的成长早晚也要走向独立，依附他人的路总是很短暂的，走自己的路才能到永远。

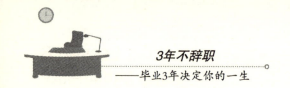

三、不要用跳槽来证明能耐

永远记住一点，不要在情绪激动的时候做出重大决定，否则覆水难收追悔莫及。有调查资料显示，40%左右的跳槽者是在冲动的情绪下做出决定的。这种冲动情绪有一部分是人的性格原因，还有相当一部分是因为当事人在长期压力下，神经经常焦虑、紧张，造成在处理矛盾事件的时候，情绪激动、行为过激。

周涛是那种青年有为的难得人才，经过两年多的努力，他就担任了销售主管的职位。当然，周涛为此付出了很多。以前，无论是在参加聚会还是陪家人去医院，每次只要接到总经理的电话，他会马上起身赶往公司。

等到年底做新的岗位调整的时候，周涛本来有望再进步一次，升为副总经理。不知哪个环节出了问题，周涛仍然当他的销售经理。而一个车间主任"一步登天"成了他的顶头上司。

周涛的愤懑是可以想象的。到处放出话来，自己将不干了。最后老板找他谈话，让他安心工作。但时间过去多日，不但没有传来任何好消息，他原有的许多权益反而被取消了。

一怒之下，他辞职了。辞职后，他想看公司产品销售不出去的笑话，但事实又一次彻底回击了他。公司产品仍然源源不断地发往外地，他的离去没有给公司造成任何影响。他企图拉拢他的老客户，却没有一个人理睬他。因为他们是商人，他们以利润作为自己的终极目标。

就这样，周涛失去了一个很好的职位，随后很长时间内都没有找到合适的工作。

谁都会有感情用事一时冲动的时候，辞职的时候更加如此。可是大多数情况下要是给你一两个星期甚至三五天的时间冷静一下，辞职的冲动就会烟消云散。

有些职场新人仅仅因为一点小事与上司或同事意见不合，便"一纸休书""挂印而去"。这样的人情商一般高不到哪儿去，更缺乏沟通能力和团队精神，换了环境也难有作为，反而容易成为老单位同事的笑柄，企业一般也不愿招聘。

蒋文有一次因为和老板起了争执，坐在自己的座位上，怎么想都觉得自己受了委屈，于是跑到老板那里，当着许多人的面，把他的老板骂得狗血淋头，说得一无是处。最后愤怒地离开了这家公司，出门时还把门摔得震天响。本来大家对蒋文的印象很好，可是这样一闹，他在众人心中的印象如何可想而知，老板对他更是咬牙切齿，怀恨在心。后来一系列的求职，蒋文都不是很顺利，用人单位在电话回访的时候，听说他和老板吵架之事以后，都纷纷不聘用。

一些像蒋文一样刚出校门的大学生往往年轻气盛，喜欢把所有的怨气与怒气都发泄出来，好像不这样心里便委屈得难以承受一般，其实是完全不必这样的，这样对自己以后的人生是没有益处的。发泄之后的结果就是花更多的时间与更大的艰辛去寻找新工作，何必呢？

很多人情绪来了，一冲动就离职了，忽略了对辞职以后出现的问题的思考，对此一定要有一个现实的态度。如果你接下来不能马上找到工作的话，手里的积蓄又能让你维持几个月？因此情绪来了动了跳槽念头的时候，务必要考虑清楚。

这时候首先要多想想公司的好处。看待公司和看待人是一样的，找问题问题一大堆、挑刺全是刺，反之，找好也能找出一大堆好出来。职场人士，尤其是年轻人，要多想现在工作的优势，特别是其他公司可能不具备的优势。也许

老板会给你很多弹性时间，到了别的地方却很难得到。也许你上班的路程很近，而你也很看重这一点，这可以节省大量的时间成本；也许你能以自己喜欢的方式工作，这在别的地方或许很难做到。任何人都要知道什么东西对你最重要，你最需要什么东西，什么东西让你很沮丧，什么东西让你兴奋。

其次，学会把问题解决在萌芽之时。如有可能，跟老板谈谈你内心的沮丧。也许你会发现事情还有转机。很多老板最大的困惑不是你工作做不好，而是不愿意和他沟通。任何时候只要员工想和老板去沟通，老板都会很乐意的。而事实上很多人都因为惧怕老板而不敢沟通，导致只能去猜测老板，结果只能事与愿违。

一旦没有控制住情绪，如果辞职后悔了，不妨吃回头草。虽说"好马不吃回头草"，可用在职场，这并不是绝对的。企业愿意接收回头的好马，因为敢回头的他们具有优势。回头马对公司比较熟悉，磨合期比从外面新招进来的人短很多。回头马在企业中有直接工作经验，无论是对企业的大环境，包括宏观政策、市场定位、发展方向、组织架构，还是企业的小环境，包括人脉、制度、文化，都了然于胸。这样，他就能够很快承担起自己的工作。同时，企业也了解回头马。通过招聘，有些东西是无法通过简历、笔试、面试了解的，特别是现在有很多面试培训，应聘者在面试中表现很好，可是到了实际的工作岗位，就发现根本不是那么回事。所以这时，重新聘用熟悉的老员工风险就小很多。总之，当你冲动辞职后悔的时候，不妨试一试回头。

HR智谏：

心有不服，稍有不爽就与领导较劲，以跳槽来证明自己的能耐，这样做等于丢西瓜、捡芝麻。与其冲动、盲目地以跳槽来证明你的能力，不如静下心来，时机成熟时再来寻求新发展，将会迎来柳暗花明。

四、公司动荡时刻要保持冷静

有一些职场新人总是这么势利眼：一旦觉得公司有点不对劲，马上开始找下家。一旦公司出现什么危机，他们会以最快的速度跳下这艘漏水的船，而不会想着如何去抢救和保护它。这样的人，也许能够谋取一份可以生存的工作，但也很难取得大成就。一个公司做大做强前，必定有艰难的成长之路，企业一时的动荡并不能成为你撤退的理由。

赵小姐读完工商管理研究生课程之后去了一家民营企业，由于公司处于起步阶段，经营管理各方面都存在很多不规范的地方。由于资金运作方面的失误，导致公司时不时就入不敷出。赵小姐因为从来没有接触过社会，凭借书本知识，她认为这个公司跟现代企业制度相差太远。

有了先入为主的印象，赵小姐工作的积极性大打折扣。面对公司的一些管理漏洞，总是想，这么简单的问题，为什么大家都熟视无睹，不去加以改善？为什么老板热衷于去跑资金，而不把内部管理做好？

赵小姐觉得这样的公司是没有前景的，恰恰忘掉它是个成长中的企业。很快，赵小姐提出了辞职。当她找到新公司上班没多久，以前的同事在 QQ 上告诉她，一家国际风险投资机构看中了旧公司的商业模式，进行大手笔投资，资金到位后，公司做大市场，加强管理，上上下下人心振奋，努力工作，以争取公司早日上市为目标。

新公司没有赵小姐想象中那么理想，于是她想过吃"回头草"。发短信给以前的老板，祝贺他融资成功，老板只回了"谢谢"。

如果你所在的公司"动荡不安"，撤退前一定要三思而后行。没有人愿意接受在公司困难的时候立马跑路的人。相反，当你公司出现危机的时候，你选择继续默默忠诚于你的公司的话，即便你没能获得暂时的高薪，你的付出一定会得到更大的回报。因为这一点是毋庸置疑的：这个世界永远给予公司共命运的人最大的褒奖。

小刘到一家公司转正后的第二个月，公司受到了一个极其沉重的打击，连支付水电费都成了问题。老板四方筹借到了工资。发工资时，老板召开了会议，向员工阐明了公司面临的窘境，在了解公司的境况后，许多员工都马上辞职。还有一部分员工认为公司走到这一步，责任完全应该由老板来承担，所以他们向老板索要失业赔偿金。这其中就有平时对老板表示过忠心的人，这使老板感到受很大伤害。

看着平日里那些口口声声说要和自己共同打拼的员工提着自己的东西离去，老板感到孤单。但当他走出自己的办公室时，他惊讶地发现小刘在安静地工作。老板其实还不怎么认识小刘，此时他非常的感动："你为什么没有向我索要赔偿金呢？如果你现在要，我会给你双倍的。我现在虽然已经身无分文了，但我相信我的朋友会借给我的。"

小刘根本就没打算离开，所以从来没有想过什么赔偿金。老板非常惊讶，因为连他自己都对公司的前途失去信心了。但是小刘的一句话让他很振奋："老板，你就比我大不了10岁，我们都很年轻。说实话，你一直都是我的偶像，你既然曾经这么年轻有为，就一定有创业的真本事，我相信你一定会东山再起的。"后来，两人由老板与员工关系变作合伙创业的关系。忍受了半年的艰苦日子后，公司开始赢利。此后，公司进入了快速的发展期，小刘摇身一变成为公司副总。

并不是每个老板都是全才，他也有失误的时候，也有碰到难题的时候。这时候，作为他的下属，应该想想"我能为老板做些什么"，为其分忧解难。特别是在老板遇到难题、迫切需要帮助的时候，优秀的员工应该像水手那样主动站出来，施以援手，而不能像乘客那样袖手旁观。在领导最担心下面会陷入混乱失去战斗力的时候，你勇敢地站出来挑大梁，起到力挽狂澜、中流砥柱的作用，领导不重用你才怪呢。

也许有人会觉得小刘实在太幸运了，遇到了一个有真本事的老板，成功地东山再起，"现实是，很多企业一旦出现危机就从此消失了，我陪着老板走下去岂不是白搭了？"职场上所有的努力都不会白费，也许你不能像小刘这么幸运，但是你的患难与共，还有其他形式的回报。

小东和小刘的遭遇差不多，也是到广告公司工作不久，公司效益不佳，欠款数目巨大，银行也不贷款给他们。这个时候很多员工都辞职了，他留下了。老板好奇地问他为什么要留下来，老实的他只说："公司前景好的时候，给了我许多，现在公司有困难的时候，我得与公司共渡难关，我不会做那样的无道德之事。"老板没有说什么，公司撑了一段时间倒闭后，老板把小东介绍到一个朋友的公司，他对朋友可谓力荐："这是一个难得的人才！"小东的职场命运就此顺风顺水。

一个动荡的单位总会让你心中不安，同事甚至领导的流动性都很大，做的项目有可能半途而废，单位的发展前途不可而知……但同时，也可能给你更多的历练机会，只要把握得当，完全可以改变自己的职场命运。困难阻挡公司的发展，你帮助老板解决这些问题，同时也是在帮助你自己走向成功。

当你刚参加工作，身处动荡不安的公司，要表现出稳定而积极的态度。身处动荡不安的单位，有这样几大好处：①可以改变那种在安宁的工作环境里日渐麻木、不思进取的状态，为了脱颖而出你得表现得更好，更积极地你在生活中同样会更有魅力；②不管多么艰难，只要和单位同呼吸共命运，尽自己最大的努力做好工作，只要渡过最危难的时期，你的忠诚和能力一定会为将来的升职加薪铺路；③面对复杂的环境，在困境中更能锻炼和提升自己的各项能力。之后的职业生涯，都有了更多的竞争力。

遭遇公司动荡的时候，理性的做法，是静观一段时间再做打算。细心观察一下，单位危机的深层原因是什么，以及自己的能力，是否能够契合单位未来的发展大方向。从客观和主观双方面评价，是否值得留在这家单位。关于外部的业务危机，如果在未来经过调整，单位仍有发展空间，就不要太在意眼前的困难。而从内部的角度来看，在解决危机的动荡过程中，组织结构必然会产生大量的摩擦和混乱，频繁换人，虽然可能会增加很多工作协调的难度，却也创造了很多展现能力的机会。动荡会引发不安全感，当对前景有不良的预期之后，很多人就会采取消极怠工的态度，这种时候，乐观积极、肯承担责任的心态，就会给人留下很深刻的好印象。一旦有好的职位空缺，就会很容易落到这样的人头上。

HR智谏：

不要把一时的动荡，作为跳槽的理由。尽管业务发展遇到了阻力，但是公司领导一直在坚持、在努力，从没有放弃，公司壮大了自己还是能够受益的。而且，在公司业绩不好的时候离开似乎只能衬托自己的能力不足。在这个时候留下来，学到的东西将会更多。

五、不要为公平问题而辞职

小韩和小魏同时进的一家广告公司，从事的岗位也是一样的。两个人性格方面也很投机，从试用期开始就相互鼓励，彼此交流业务知识，共同成长。直到半年后，在公司的一次聚会上，大伙儿喝高了之后，与小魏要好的一位老员工对他说："小魏，你是咋搞的呢？你和小韩干一样的活儿，人家的工资比你高 1 500 元，你还成天和人家搅和在一起！"小魏当即喝不下去了。

次日午休的时候，小魏问了下小韩的工资，小韩如实告诉了他。从试用期到转正，工资果然高出 1 500 元。小魏心里快要气疯了。

憋了几天，忍受不了如此不公待遇的小魏决定去找自己的主管申诉，主管表示，工资是由公司定的，他本人也不知道其他人的具体工资数目，爱莫能助。申诉无门的小魏又和那位要好的老员工诉苦了几天，清醒后的老员工反过来劝他："算了，你比不过小韩的。要知道，小韩的女主管是老板的亲信呢，你们部门主管说话跟人家比根本不顶用。况且，小韩除了业务之外，为他主管的私生活可出了不少气力。"

话虽如此，但是小魏认为小韩额外干的那些活儿毕竟不属于岗位之内，从业绩角度来看，这种同工不同酬的做法，实在让他无法忍受。于是，半月后，他辞职了。

没有进入职场之前，还在校园里做梦的时候，很多年轻人自以为这个世界一切都是公平的。但是，参加工作之后，才发现职场到处充满着不公

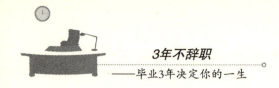

平。很多新人因为受不了这些不公平待遇，而动了跳槽的念头。

事实上，职场永远没有绝对的公平或不公平。你越想寻求百分百的公平，你就会越觉得别人对自己不公平。如果不能摘下个人感情的有色眼镜，保持端正的心态，用豁达的态度去工作，那么你将永远找不到公平，永远活在抱怨的天空下。更何况，公平不公平对每个人来说真的那么重要吗？我们真的需要那些所谓的公平吗？谁都无法否认，在很多时候，公平不公平其实并不重要。

美国心理学家亚当斯提出一个"公平理论"，认为员工的工作动机不仅受自己所得的绝对报酬的影响，而且还受相对报酬的影响，他们会自觉或不自觉地把自己付出的劳动与所得报酬同他人相比较，如果觉得不合理，就会产生不公平感，导致心理不平衡。

正如比尔·盖茨所说的那样："这个世界是不公平的，习惯并接受它吧。这个世界不会在乎你的自尊，这个世界要先看你做出成绩，再考虑你的感受。"

遇到不公平就辞职，是没有意义的，正如那句俗话所言——天下乌鸦一般黑，所有的公司里，都必然存在着这样那样的不公平现象。你永远不要苛求领导能多么公正。道理很简单，无论社会进步到什么程度，企业管理如何扁平化，企业永远是个金字塔；既然是个金字塔，就必然会有上下之分；既然有上下之分，就必然会有不平等的现象存在；企业作为一台利润压榨机，与追求"公平"相比，它更喜欢"效率"；在一个公司内部，如果没有适当的等级制度和淘汰制度，它就会因为自己的"仁义"而失去竞争力，就会在竞争中遭到淘汰。因此，在现实生活之中，永远不会出现你在书本上看到的那种"公平"。

对于职场上种种不公平现象，不管你喜不喜欢，你都必须接受这种现实，而且最好是主动地去适应这种现实。把公平作为一种理想而为之奋斗是正确的，但把公平当成现实的必然则是错误的。你不能事事都拿着一把公平的尺子去衡量，否则就是自己和自己过不去。要知道，不公平感的消极作用很明显，它不仅压抑了你健康向上的良好心境，而且影响了你的聪明才智与创造才能的发挥。

坦然面对职场不平事，可以从以下几个方面出发。

首先，要调整心态，消除不公平感。世上没有绝对的公平，如果真的绝对公平了，反而是另一种不公平。职场生活不会因为我们的意愿发生改变。生存和竞争永远是职场不变的主题，别人不可能时时处处都去适应你，也不可能为了适应你而发生改变。既然无法让生活适应自己，那么你就必须学会去适应生活。承认职场中并不公平这一事实，可以激励我们尽己所能，而不再自我感伤。承认职场是不公平的客观事实，并接受这不可避免的现实，放弃抱怨、沮丧，以平常心、进取心对待生活，不公平也就消失得无影无踪。

其次，积极行动，扭转不公平待遇。在职场上，有的人利用自己占有的资源，迅速上位，而一无所有、没有任何资源的人，则要通过加倍的努力，把自己的劣势变成努力奋斗的动力，发挥自己的长处，寻找机会，坚持自己想干的事情，终究可以扭转你所认为的不公平。正如小品里的台词："流自己的汗，吃自己的饭；干自己的事，下自己的蛋。"面对不公平，工作中照样努力，能力仍然不断提升，永远都有工作的激情，说不准下一次提拔的就是你，即使不提拔，你也永远具备随时被提拔的机会。领导任用谁你不能左右，但让自己具有被提拔的机会你自己做主。

最后，学会换位思考。领导的用人原则是：有德有才破格任用，有德无才培养使用，有才无德尽量不用，无才无德坚决不用。因为手下强了，才出成绩，这样领导才有面子，所以在相差不多的情况下，领导用人有时是不公平的。站在领导角度想一想你也会理解一些事情。

HR智谏：

　　绝对的公平只是人类的一种美好愿望，在现实中是不存在的。与其抱怨，不如适应。如果你动不动就对公司的制度提出质疑，或者动不动就上书一回，到头来往往是搬起石头砸自己的脚，最终可能连自己的饭碗都保不住。作为下属，你应该遵从上司的意志，为自己的未来发展铺好路。

六、别人的离开是一种机会

同事们都相继离开了，你是不是也该辞职呢？

尽管在公司的工作状态有很多不尽如人意之处，你本来没有跳槽的想法，但是同事们一个个相继离去，于是开始对跳槽心动。自己该何去何从，不能只将标准定在别人身上，要问问自己在这里工作是否有价值有意义。如果经深思熟虑后，答案是肯定的，那就待下来好好干，说不定这是个让自己快速成长的好机会。

一早来上班，刘娜就发现坐在旁边的同事办公桌上收拾得干干净净，甚至连喝水的杯子都不见了，她觉得不对劲，昨天就看见同事一脸苦闷地在默默地收拾桌子，下班后也比她走得迟。她小心翼翼地发个消息问经理，经理说："辞职了！"辞职了？刘娜苦笑一下，这已经是最近第5个辞职的同事了。想想同事为了不影响其他同事的工作心情，选择了低调离开。而正是这种一声不吭的离开，带给刘娜更多的猜疑。开除？另谋高就？或者家里出事了？又或者……在对他人的猜疑过后，刘娜突然想起这个严肃的问题：我还能在这待多久？这么多人走，肯定公司有问题，要不要也辞职得了？

人的生活也会有一种惯性，习惯了一种熟悉的环境，身边熟悉的人，面对"同事朋友"的离开，心理会有一种失衡，当身边的同事离职的时候，要调整好自己的心态，尽量不受其影响。

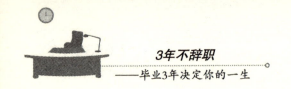
不要陷入不必要的猜测和忧虑当中

同事朋友的离开，会给你带来恐惧感，整天惶惑着担忧着下一个走的会是谁？请相信，事出有因，一个老板不会无缘无故地开除一个优秀员工。这里不适合他发展，并不代表也不适合你的发展。每个人的理想不同，兴趣爱好不同，当然选择也会有不同。抱着猜疑和忧虑上班，只会让工作的压力更大，反而影响工作质量。工作中，应尽量保持轻松愉快的心情，以一种兴奋的情绪投入。

不要对老板的派活儿产生负面想法

同部门的同事离职以后，所有事情都落到了刘娜身上。旺季本来订单的处理工作就非常繁重，这下到了让刘娜抓狂的地步了。刘娜对上司窝了一肚子火。

同事临走的时候，可能留下一堆工作，而你的上司让你无偿为其擦屁股。这个时候，咒骂前同事或者是抱怨老板于事无补，这个时候正是老板戴着有色眼镜看留守同事的时期，为了保住自己的岗位，最好还是忍一忍度过一段超负荷工作的时期。

伸手去抓跳起来才能够得着的果子

刘娜在帮前同事擦屁股的时候，突然有了一个想法：我多干的这么多活儿，有许多不正是前主管干的吗？那我干完这么多了，老板是不是应该给我升职呢？

同事的离开，对你来说也许是一次升迁的机会。聪明的人会利用这个时期在自己的职业发展道路上抄一段近路。有人离开就能有位置空出，这时如果想对觊觎已久的职位下手，绝对是好时机。在人员变动频繁的时候，公司为了节省时间和成本，对于空缺的职位多半会从内部寻找合适人选，这个时候不妨跃跃欲试一下，去试着摘一下那个往日需要跳起来才能够得着的果子。如果你恰好和过去的主管关系不错，不妨让他给你在上司面前美言几句，如果他声誉还不错的话，你升职的机会就会大大增加。

即便是不能够升职，离职者的活转嫁到你身上，给你更多责任，管的东西更多，这可视作一个谈判砝码，适当和上级说自己职责大了应该加薪。再退一步，不升职也不加薪，那么可以和上司及 HR 沟通，要求更多人来帮自己分担。如果派来帮自己的是新人，那么这成了上司和下属的关系，而非单纯的同事，就可以把他当成一个团队下属对待。每个人都有一个培训过程，加快时间培养，然后建造自己的团队。

HR智谏：

　　每个人的目标与想法都是不一样的，有的离职可能是因为他有更好的发展目标或者有新的计划。所以你切记不可盲目跟从，如果你目前还没有什么打算和目标的话建议留在原地，说不定公司的领导以后就会看中你的表现。

Lesson 7

原地跳高：
遇见心想事成的自己

人往高处走，没有错。但也不必通过改变平台的高度来实现，完全可以通过同一个平台原地跳高来实现。不是简单的找份工作或换个环境，就一定"高"了，很多人跳来跳去，转了一圈，终点又回到了原点。通过一个平台让自己在各个层面都有所拔高，这才是工作的意义。

一、带着地图去工作：做好职业规划

大多数职场新人在最初工作的时候对职业规划没有任何概念，没有对自己职业兴趣、职业能力、职业生涯规划进行深入剖析和设计，仅仅凭着既有的认知体系和传统的就业模式，以一种随波逐流的方式在职场中沉浮。在跳槽疲惫之后才开始重视自己职业发展的问题，这时候发现曾经浪费的沉没成本如此惊人，而未来越发茫然。

在职场，我们很容易看到这样一个奇怪现象：很多拥有高学历、能力强的人，敢于尝试不同的工作，但多种多样的工作经验并没有给自己带来沉甸甸的收获，反而造成了自己缺乏专长、缺乏核心竞争力的局面，白白浪费了上天赋予他们的才智。相反，那些资质一般、学历平平的人，因为遵循正确的职业发展之路，几年之后在职场上的价值超过了很多当初起点比他们高的人。这就是"职业规划"的魔力所在。

职业规划说复杂很复杂，说简单，也就一句话的事情："确认你的职业目标，制订实施计划，然后依此行事。"你的职业目标可以是成为行业技术达人或者职业经理人，也可以是通过自己职业的发展为将来的自主创业奠定基础。但是，空有这样的长远目标是没有意义的，最主要的是要制订计划，将目标明确化、现实化。

说到这里，就不能不提到那组经典的数据。

哈佛大学曾对一群智力、学历、环境等客观条件都差不多的年轻人，做过一个长达25年的跟踪调查，调查内容为目标对人生的影响，结果发

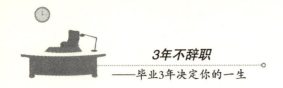
现：27%的人，没有目标；60%的人，目标模糊；10%的人，有清晰但比较短期的目标；3%的人，有清晰且长期的目标。

25年后，对这些调查对象生活状况的追踪调查结果显示：27%的那些没有目标的人，几乎都生活在社会的最底层，生活状况很不如意，经常处于失业状态，靠社会救济，并且时常抱怨他人、社会、世界。60%的目标模糊的人，几乎都生活在社会的中下层面，能安稳地工作与生活，但都没有什么特别的成绩。10%的有清晰短期目标者，大都生活在社会的中上层。他们的共同特征是：那些短期目标不断得以实现，生活水平稳步上升，成为各行各业不可或缺的专业人士，如医生、律师、工程师、高级主管等。3%的有清晰且长远目标的人，25年来几乎都不曾更改过自己的人生目标，并向实现目标做着不懈的努力。25年后，他们几乎都成了社会各界顶尖的成功人士，他们中不乏白手创业者、行业领袖、社会精英。

这个追踪调查告诉我们，职业目标重要，但是能否把目标明确化，并坚持下去是关键。而这正是职业规划的精髓所在，你必须把眼前工作和长远目标结合起来，立足于眼前，一小步一小步，然后逼近最终职业目标。

说起"职业规划"，很多人有这样的误区，认为"职业规划"是在教人跳槽。实际上，你在同一家企业做好职业规划，同样可以实现职业目标。

柳菁菁大学毕业后到了一家外企，在工作一开始她就给自己制订了一个长远的计划：前3年打基础学本领，接下去3年成为骨干力量，再3年成为中层领导，然后慢慢成为公司智囊团一份子。有了这样的计划，柳菁菁毫不松懈，在很短的时间内赢得了公司各层面的肯定，特别是在几个特殊的项目中，柳菁菁都主动承担责任，并不计报酬，这种做法令她很快成为项目经理。成为项目经理之后，她踏实肯干的同时处处维护上司的形象和利益，渐渐地成为上司的左右手。随着上司在公司的地位越来越重要，柳菁菁参与的项目和工作也就越来越多。随着上司的晋升，柳菁菁也渐渐成为公司里有影响力的人，并在前任上司有意和无意的安排下，成为了重要的决策层人选。

柳菁菁清晰的职业规划，让她最终在计划的时间内实现了自己的职业目标。很多职场人，对于"走上工作岗位后，未来几年内有些什么计划"的问题很茫然。对自身的职业定位并不清楚，没有从长期的角度出发来寻找真正适合自己的岗位，才会在公司得过且过，上升的幅度很小。

职业发展中有两大悲剧状况：其一是拼命地在贫瘠的土地上耕耘，其二是总是在寻找机会却不知道自己就站在肥沃的土地上。当你有了职业规划意识之后，就可以避免这样的悲剧。

新人在具体制定职业规划的时候，可以参考企业分析品牌的 SWOT 分析法。

第一步，分析自己的职业优点和不足。首先，列出自己的优点和长处，包括性格、技能、学习经历等，越多越好，并对其重要性进行排序。然后，列出自己的缺点和不足，同样也是越多越好，也对其进行排序。排出你最强的 5 项优点和最大的 5 项不足，这样你就可以对自己的优点和缺点有了明确的了解。

第二步，分析你现在的职业选择所面临的机会和威胁。分析一下你现在所处的行业是有发展前景的朝阳行业还是夕阳产业，然后列举你在这个公司的机会和局限分别是什么，找出对自己最有利的发展路线。

第三步，为自己制订 5 年规划。列出你最希望实现的目标，包括职位、薪水、技能水平。通过这些目标来激励自己今后努力工作实现自己的目标。

第四步，制订行动计划。可以采取目标倒推法：如果 5 年后想成为什么样的人，那么在第 4 年的时候，你应该已经成为什么样的人并在做什么？在第三年的时候你应该已经成为什么样的人并在做什么？在第二年的时候，你应该已经成为什么样的人并在做什么？在第一年的时候，你应该已

经成为什么样的人并在做什么？半年的时候，你在做什么？一个月的时候，你在做什么？

HR智谏：

做自己的职场主人，了解自己想要什么，你所做的所有事情就开始有了中心，哪怕你并不能在理想的平台上发展自己，至少可以知道自己在目前的工作中要发展和培养什么资源和能力。

二、适者生存而非大者、强者、智者生存

达尔文说："并不是最强壮的物种可以生存，也不是最有智力的物种可以生存，而是最具灵活性的物种可以生存。"很多职场人，总是以自己的学历、知识储备等方面不尽如人意，作为跳槽的理由。其实，在任何一家公司里，往往既有硕士、学士学位的人，也有大专、职高文化程度的人，尽管他们文凭不同，但并不妨碍学历较低的人成为优秀员工。同时学历高的人被淘汰的也不在少数，只是因为他们不能适应公司的文化。

适应能力，是新人进入职场需要着重培养的重要能力之一。适应能力决定着你在当下公司的前途，也决定着你的未来发展。如果你想在当下的工作实现原地跳槽，适应公司文化就是前提。

著名的出版家、作家阿尔伯特·哈伯德先生曾经说过："每个雇主总是在不断地寻找能够助自己一臂之力的人，同时也在抛弃那些不起作用、不能适应公司文化的人——那些到哪个岗位都无法发挥作用的人都要被淘汰。在每个公司和工厂，都有一个持续的整顿过程。雇主会经常送走那些不能对公司有所贡献的员工，同时也吸引新的力量进来。当公司不景气，就业机会不多时，那些不能胜任职位、不能适应公司文化的人，都被摈弃在就业的大门之外，只有最能干、最积极主动、最能适应环境的人，才会被留下来。"

任何一家成功的公司都有自己独具特色的文化，都有着明确的原则和坚定的信念。这些原则和信念似乎很简单、很平常，但正是这些简单、平

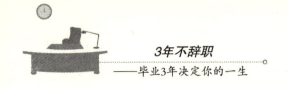

常的原则和信念成为了它们发展的强大力量。一名员工只有很好地遵守这些原则，与公司的文化相适应，才能受到公司的欢迎。

新人对于企业来说，都是"毛坯"，成为有用的人才必须有一个适应过程。熟知联想的人都知道"入模子"，顾名思义，职工必须进到联想的"模子"里来，塑造成联想的理想、目标、精神、情操、行为所要求的形状。按照这一基本要求，职工从开始受到压力"入模子"，直到习惯成自然，"这个过程就是联想全体员工素质提高的过程"。"模子"等于是企业的一个规则，做事的规则。有的是用文字将它定出来，有的是用文化将它形成。在任何一个企业里边，如果说大家不遵守一个必要的共同规则的话，那真的什么事情也做不成。

无独有偶。任正非在《华为的冬天》一文中，也强调模板化的重要性："模板化是所有员工快速管理进步的法宝，一个新员工，看懂模板，会按模板来做，就已经国际化、职业化。这个模板是前人摸索几十年才摸索出来的，你不必再去摸索。各流程管理部门、合理化管理部门，要善于引导各类已经优化的、已经证实行之有效的工作模板化。重复运行的流程，工作一定要模板化。一项工作达到同样绩效，少用工，又少用时间，这才说明管理进步了。我认为，抓住主要的模板建设，又使相关的模板的流程连结起来，才会使IT成为现实。在这个问题上，我们要加强建设。"

公司在选拔人才时，一般很注重所选人员适应公司环境的能力，避免提拔个性极端或理想太高的人。因为不能适应环境的人很难和同事和谐相处，很难融入公司文化，只会给自己和别人的工作造成一定的阻力，并影响到其他员工的情绪和士气。

新人在初到一个新公司时，一定要事先了解公司文化，知道哪些事情是绝对禁止的，哪些事情是需要慢慢适应的。了解企业文化风格是判定自己是否适合这个企业，在这个企业能干多久的重要因素。进入公司的第一步就是主动去了解和适应新的企业和企业文化，包括企业的发展史、经营理念、决策机制和关键的人际关系等。新员工适应企业文化的时间因各自情况而不同，一般3~6个月。适应快的人，一个月就能过去；适应慢的人，或许需要半年时间。

其次，要重视企业培训。越来越多的企业认识到新员工培训的重要性，在新人入职时不只做简单的引见，而是往往安排了内容丰富的培训等待着新人，这就为新员工接触企业文化提供了绝好的机会。海尔公司在新员工入职后通常做的第一件事就是：举办新老"毕业生"见面会，通过师兄师姐的亲身感受理解海尔。新人也可以通过面对面与集团最高领导沟通的机会，了解公司的升迁机制、职业发展等问题。这无疑可以使新员工快速了解海尔的企业文化。撇开海尔、联想、华为这样的大公司不说，其实再小的公司也会在新人入职前进行一次岗前培训，至少一次大型谈话，这个过程要好好把握，自己在心底分辨出真假。

真正了解一个企业的文化，最终还需在工作中多体味。对于看得见的规矩，要找来公司的制度、流程和职位说明书，加以学习；对于看不见的规矩，也就是企业文化，马上虚心地向老员工请教，因为他们在公司的工作时间长，对公司的方方面面可谓了解入微，多和他们交流可以让你少走很多弯路。另外，在工作中遇到问题拿不准时，千万不要不闻不问，而应主动大方地请教身边的同事，培养自己对公司的归属感。

HR智谏：

　　快速地认知新公司的企业文化，不断丰富和调整自己，方能顺势而行，这也是社会和企业对每个人的要求。

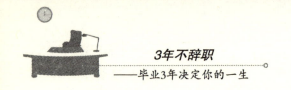
三、提高"自燃性"，增加贡献值

公司的新人可以分为两种，一种成天敷衍塞责，充分利用上班时间处理私人事务，聊天、网游等；另一种平时全心投入工作，一旦公司需要他们支持与付出时，不是做打头阵的义勇军，就是做前线部队最忠诚可靠的后援人力。

在企业和老板看来，前者对公司毫无实质贡献，在企业中可有可无，不予重视，任其自生自灭，自去自留，久而久之，这种人沦为了万年小职员，缺乏竞争的进取心，无心争取表现，一直在低职位坐冷板凳。而后者，是企业运作中不可或缺的关键"螺丝钉"。企业有意识地给这类员工机会，而他们自己也会珍惜机会，展现个人优势、施展长才，立下显赫战功，一步步从媳妇熬成婆。

对此，日本京瓷公司创始人稻盛和夫有个形象的比喻：前者是"不可燃员工"，不管周遭给他多少能量，都一贯冷漠到极点的态度，就连一丝丝的热情也不曾被激发出来；后者是"自燃性员工"，不需周遭环境给他什么影响，自己就能燃烧起无限的热情。也就是说，员工的主动性以及承担责任的多寡决定了其职业发展命运。

作为新人，如果你想获得加薪和升迁的机会，就得提高自己的"自燃性"，养成主动承担责任的习惯，哪怕你面对的是非常无聊毫无挑战性的工作。

小说《杜拉拉升职记》中，主人公杜拉拉得到晋升的法宝正在于其

"自燃性"。当杜拉拉的直接领导玫瑰毫不负责地在公司装修最需要人手时选择休病假时，大领导李斯特为保安全退休只做和事佬，根本就指望不上，而身边的同事推脱责任、刁难世故。杜拉拉在此时，做出一个个正确的选择，不但没有抱怨，反而花了很多精力。在装修的过程中，因为费用的控制，只能将一些本来有独立办公室的人赶到了大间，引起了很多大小领导们的不满，拉拉于是到处沟通协调道歉，最后终于顺利如期完成装修任务；对于销售部门的故意刁难，也能有理有节，勇往直前地处理、克服各种困难，展现了良好的人际沟通和协调的能力。在这次主动担当中，杜拉拉锻炼了自己的能力，也展示了非凡的一面，让公司领导看到了她可堪重用的一面。

属于你的工作，不必领导交代，积极主动地去完成自己职责内的工作，会加深领导对你工作能力的了解，得到领导的认可。这一无形资产对你来说是一笔巨大的财富，对你巩固自己的地位会起到关键性的作用。当你的领导把你和那些没有提供此种主动服务的人比较，他会看到你们之间的差别是十分明显的，自然你处于优势中。

作为新人，要从以下3个方面去提高你的"自燃性"。

1. 不要只做吩咐你的事

在职场，有很多的事情也许没有人安排你去做。如果你主动地行动起来，不但锻炼了自己，同时也为自己积蓄了力量。老板欣赏的是那种不必自己交待，积极主动去做事的员工。那些不论老板是否安排任务、自己主动促成业务的员工，那些主动请缨、排除万难、为公司创造巨大业绩的员工，就是时下老板要重用的人。

公司的大目标和员工的小目标都是为公司创造财富。任何老板都需要那些主动寻找任务、主动完成任务、主动创造财富的员工。工作主动性强的员工，勇于负责，有独立思考的能力，在业务上追求尽善尽美，认真处

理那些难度大、要求高的工作；而那些工作主动性差的员工，墨守成规，害怕犯错，凡事只求忠诚于公司规则，老板没让做的事，决不会插手。

2. 做问题解决者而非挑剔者

管理者最希望的员工类型是什么样的？根据调查，90%的管理者回答：最希望能发现问题，然后及时解决问题的员工。

问题来临，不敢面对问题或将问题习惯性地往后拖延者通常也是制造借口与托词的专家，是逃避责任的表现。如果你存心逃避问题，你就能找出成千上万个理由来辩解为什么问题无法解决，而对问题应该解决的方法却想得少之又少。

如果面对问题，你总不能妥善解决，那么问题就会成为你工作的负担，这样，不只是你本人的不幸，也是老板的不幸。因为企业在发展过程中，总会不可避免地遭遇到各种问题的困扰。

从根本上讲，老板欣赏处事冷静，善于解决问题的员工，真是惺惺相惜。因为老板们之所以能达到老板的位置，敢于直面问题、能够妥善解决问题正是其中的一个重要原因。

聪明的员工，要勇于面对问题，积极地寻找解决问题的方法。也只有这种敢于直面问题的员工，才是老板心目中值得栽培的人才。

3. 带着脑袋去工作

蚂蚁向来以勤奋工作而为人们所称道，但是科学研究发现，蚂蚁群里面存在许多"懒蚂蚁"。这些懒蚂蚁很少干活，总是东张西望、到处闲逛。令人不解的是，大多数很勤奋的蚂蚁为什么要养活这些不干活的"懒虫"。为了弄清楚其中的奥秘，生物学家在这些懒蚂蚁身上做了标记，并且断绝了蚂蚁的食物来源，观察蚂蚁会有什么样的反映。其结果让观察者大为惊奇：那些平时工作很勤快的蚂蚁不知所措，而那些被做了标记的懒蚂蚁则成为了它们的首领，带领伙伴向它们平时早已侦察到的新食物源转移。接着，生物学家们再把这些懒蚂蚁全部从蚁群里抓走，随即发现，所有的蚂蚁都停止了工作，乱作一团。直到他们把那些懒蚂蚁放回去后，整个蚁群才恢复到繁忙有序的工作。生物学家总结，大多数蚂蚁都很勤奋，忙忙碌碌，任劳任怨，但它们紧张有序的劳作却往往离不开那些不干活的懒蚂蚁。

你的头脑就是你最有用的资产。勤奋努力并不一定就能获得好业绩。对于"自燃性"员工来说，仅四肢勤奋还不够，还要脑袋勤奋，懂得思考，懂得不断改进自己的工作方法—这才是所有的老板所希冀的。

HR智谏：

多做一些分外的工作一定会使你获得良好的声誉。这对你来说，是一笔巨大的财富，在你的职业发展道路上可能会起到关键的作用。而且多做一些分外的工作，就会多一次学习和锻炼的机会，多一种技能、多熟悉一些业务。对自己总是有好处的，它使你尽快地从工作中成长起来。

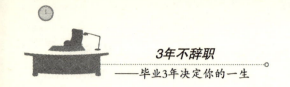

四、争取到核心岗位，做核心员工

　　企业用人遵循二八法则，即公司80%左右的绩效由20%左右的人才创造的。对于企业来说，这20%的关键人才，才是企业永远不愿意放弃的核心员工。要想在企业中寻求长期向上的发展，就要从争到核心岗位做核心员工开始。

　　Renee最近有点烦恼，在行政岗位干了两年多，稳定是稳定，公司也很大，但是她本人看不到职业前途。刚毕业那阵子，自己领的工资和其他同学都差不多。可是两年后，别人几乎都翻了几倍，而她的工资才涨了那么一丁点儿。期间调整过两次薪水，但涨幅有限，按照上司的说法，毕竟她每天干的活儿几乎差不多，说实在，她自己也清楚，找不到涨薪的理由。为了安抚她的心理失衡，上司和老板给她升职为行政主管，升职微涨薪，时间久了，她再也不能用"聊胜于无"来安慰自己了。刚毕业的时候，Renee青春、美丽，无所顾忌，这两年下来，忽然体会到前所未有的危机感。

　　这就是身处边缘部门职场人的普遍困惑。稀里糊涂在一个次要岗位待了好几年，蓦然回首，发现自己毫无竞争优势。选择了一个发展前途无限光明的行业，也加入了一个规模很大的公司，但如果不能进入核心岗位，一直在辅助性岗位默默无闻地工作，如果不寻求突破，不争取换岗，即使付出了再多的努力，也很难取得职业上的长足发展。就好比在部队里，你进入炊事班，自然别指望有多大的发展，要升迁，必须参与到战斗有关的环节中。所以，要想在一家企业有所发展，必须力争上游，到核心岗位去。

所谓核心岗位，就是那些最能够直接提供价值的要职。占位核心岗位的意义可谓不言自明。核心岗位拥有公司最多的升迁机会，任何一家企业的高管大都出身于核心岗位。在核心岗位担任小主管，实际上也要比在辅助性部门当大经理有前途。因为在这样的岗位上，拥有关键性资源，有更好的发展前景。当经济不景气或者公司裁员时，往往是从辅助性职能部裁员，而核心岗位的人基本不受影响。核心岗位意味着站在公司的主流，边缘化岗位意味着非主流。核心岗位等于是与公司业务成长同步，所获得的职业回报也呈正比。从一家公司的核心岗位离职，找工作也不发愁，升职的可能性也比较大。

那么，具体来说，哪些岗位比较有前途呢？换句话说，一个新人以企业的哪些岗位为奋斗目标，才有望成为企业的核心员工呢？

如果你所在的企业是一家以业务性质为主导的企业，与市场和销售有关的岗位，就是最有前途的岗位。明星销售人员在任何公司都是受到追捧的对象，从销售这条职业途径上去，可能是销售总监，到市场总监，到营销总经理，最终是公司高层管理者。销售是最能考验和锻炼一个人能力的职业，最好的工作就是销售工作，但同样最差的工作也是销售工作。销售也是一个实践性非常强的职业，大家全凭业绩说话，而且业绩也比较容易衡量。如果说销售部门是为公司赚钱，那么市场部门则是为了赚钱而要花钱的部门和岗位了。市场部的岗位，需要的是对营销有整体的把握，然后根据需要制定营销和宣传方案。该岗位负责组织制定公司的所有营销政策，会对公司的产品、价格、分销和促销等策略进行组合。对于市场形势的分析、把握能力以及对策略的规划和组织实施的能力对于任职者而言都十分重要。总之，从事与销售和市场有关岗位，很有前途，最有助于晋升到公司高层或者自己创业。

如果是与IT相关的高科技行业，与销售可抗衡的职位就是研发人员。研发是组织创新的原动力。这些具有专业技能的核心员工，拥有企业最核

心的专业技能，其工作效果关系着企业的正常运转。因此也是重点保护对象。从研发这条线，发展上去也很有前途。一旦发展到信息技术总监，收入水平将比销售总监还要高。

除了销售和研发这两头之外，财务岗位次之。财务部门对任何一家企业的重要性不言而喻。在国外，公司的总经理大部分为营销岗位出身，剩下的差不多就是财务出身的了。一个一定规模的企业财务总监能够拿到几十万甚至上百万的年薪，他们也确实值这个价码，比如房地产公司，财务能力甚至会成为公司的核心竞争力之一。财务总监通过财务管理比如税务筹划、资金运营、内部控制等能够创造几百万甚至上千万的价值，某种程度上并不比业务部门的价值小。大公司里的"三驾马车"，无论如何是应该有财务的一席之地的。但是小的公司就不同，皮包公司老板或者老板娘就相当于财务经理，顶多设个出纳，规模再大一点的公司，如果要设副总，一般也是业务出身，财务就是中层，因为业务有限，财务能够创造的价值本身就有限。

最近几年，人力资源比较热门。人力资源部门的位置在不断地上升，渐渐成为组织管理者的重要战略合作伙伴。HR总监也渐渐开始承担组织人力资源规划等重要职责。从人力资源这条线发展上去，最终也可升至公司高层。

在生产制造型企业中，生产总监是一个相当重要的岗位，承担着对生产周期以及产品质量进行控制的重要职责，在这样的岗位工作，要求任职者能够很好地了解生产流程，并能够根据要求和现有资源的情况进行协调。此外，沟通能力和控制力对于生产总监而言也是比较重要的，因为只有具备这些能力，任职者才能制订出真正符合要求的生产计划，并保证这样的计划能够被很好地实施。

物流总监也是近年突飞猛进的高职位。从职责上看，物流总监主要需要对组织的物料资源进行安排和管理，在保证物料资源能够满足组织需要的前提下，尽量降低物流管理成本和减少存货对于流动资金的占用。要想升为物流总监，必须从基层对行业的运作模式进行深入的了解，并且训练自己的逻辑思维能力和计划能力。

一般来说，在传统性公司，上述职位即公司最核心的岗位，争取在这样的岗位工作，就有原地跳高的可能。但并不是说在辅助性部门就毫无希望，只是如果你在这些岗位，不宜久留，只有尽快想办法离开这些岗位，才有前途可言。

同样是从事行政工作，Linda 的发展就和 Renee 截然不同。Linda 名牌大学毕业后，去做了秘书工作，当初令很多人不解。但是，Linda 自己很有计划性。在给经理做秘书的过程中，Linda 花了很多时间研究公司内部的各个部门状况，并利用工作的机会参与各部门的协调，赢得了不错的口碑。3 年后，经理调到了分公司，临走前，问 Linda 有什么打算。Linda 请他举荐去人力资源部做经理。几年后，Linda 凭借对公司的谙熟了解，从人力资源部经理，升职进入总裁办，成为经常出入高级会议中的一员，参与公司的重大决策。

Linda 凭借曲线晋升的策略，实现了原地跳高的职业理想。由此可见，身处次要岗位，经过合理的转岗，也是可以实现当核心员工的梦想。事实上，那些从边缘部门上到核心部门的员工，往往比单纯从核心部门成长起来的核心员工更具有竞争力。因为企业在考虑要职员提拔的时候，总是希望候选人能够对公司各个方面都了解，这样跨部门晋升的候选人就更容易脱颖而出了。

HR智谏：

虽然起点不一定就会决定终点，但是当有机会选择更好的起点的时候，还是要努力地去争取。从企业创造价值的来源来讲，核心员工大致可分为三类：第一类，具有专业技能；第二类，具有广泛外部关系；第三类，具有管理技能。当你在辅助性的岗位工作一段时间后，要尽快争取到这些核心岗位去工作。

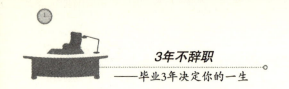
五、修炼相对不可替代性的专业优势

尽管我们说，在职场，没有谁永远不可替代，但是在同一家公司，只要你拥有超越其他同事的比较优势，你的地位就会很稳固，只要你自己不犯错，自己不辞职，企业就不会想到招人替代你。换句话说，你不可能永远不可替代，但是你可以拥有相对不可替代性的优势。

受到经济危机的影响，部门需要裁员，留下一个人。其他同事个个都很会做人处事，和领导的关系处得也很好。唯独小彭性格有些沉闷，不喜欢和同事说话，总是有游离于团队之外的嫌疑。最后部门经理偏偏留下了他。面对人力部门的疑问，这位经理这样解释："因为我知道人无完人，谁都会有缺点，不过缺点是可以改过的。但一个人的能力，尤其是核心能力却是无法替代的。小彭就是一个这样的人，他虽然性格上有些小问题，但是论工作能力，其余的人加起来也就刚刚能和他持平，他每个月为部门创造的利润能占全部利润的一半！"

小彭的最终胜出告诉我们，相对不可替代性的核心能力可以抵消一个员工的某些缺陷，为其在公司、企业赢得一个稳定的立足之地和发展空间。在充满了博弈和竞争的职场里，谁能够拥有一项"核心"技能，使自己变成企业发展中的"短缺元素"，就可以不断朝着自己理想的目标迈进。

"替代性"一词源于经济学，它是指如果商品的同类使用功能基本雷同，那么其他的生产者的产品可以替代你的产品抢占市场份额。一种商品如果可替代性高，那么它的价值自然不会很高。同样，人才作为一种特殊的商品也是如此。要想在工作中获得高薪和升职机会，就必须打造你的相对不可替代性。在任何一家公司，你只有拥有了其他同事无法替代的能力，你在公司的地位才会牢固，才能在公司中脱颖而出。

判断你是否具备相对不可替代性，你可以问一问自己：假如我明天离开了公司，老板会真心诚意地挽留我吗？我的价值、潜力是否大到老板舍不得放弃的程度？假如我明天离开了，公司会不会因为无法找到一个能接替我的合适人？如果是，那么你的职业价值就高；如果不是，那你的职业价值就比较低。

个人具备了相对不可替代性的优势，从用人的角度来看，就是你的专业性很强，可重用，堪耐用。很多公司在进行招聘的时候，这样的简历令他们头疼：一个拥有多年工作经验，很可能在著名企业待过十多年的员工，却找不到一点自己的专业性优势，经历过于分散，乱到无法收拾的地步。这样的人企业是不愿意录用的。

无论在哪家企业，具备相对不可替代性的专业优势的员工都比不具备专业性的员工成长得更快，待遇更好，待得更久。由于这样那样的原因更换工作，或者在一个公司内按照公司的安排，没有目的地更换职位，是完全没法保持工作的持续性的。而没法保持工作的持续性，就不可能拥有这种相对不可替代性的专业优势。

成为某一领域的最强者，这对于很多职场新人来说，总觉得可望而不可及。实际上，每个人都能成为某个领域的专家。有个匈牙利心理学家很早就相信只要方法得当，任何一个人都可以被训练成任何一个领域内的高手。为了证明这一点，他选择了一个传统上女性不擅长的项目，也就是国际象棋。结果他和妻子把自己的3个女儿都训练成了国际象棋世界大师，这就是著名的波尔加三姐妹。经过不断积累知识、经验、能力，提升专业素质，拓展自己在行业或专业领域内的声望和实力，每个人最终都能将自己塑造成行家里手，变得越来越不可替代。

那么，个人如何才能获得相对不可替代性的专业优势呢？

首先，必须在自己的"学习区"寻找自己的专业优势，修炼自己的深度。心理学家把人的知识和技能分为层层嵌套的3个圆形区域：最内一层是"舒适区"，是我们已经熟练掌握的各种技能；最外一层是"恐慌区"，是我们暂时无法学会的技能；二者中间则是"学习区"，只有在学习区里面练习，一个人才可能进步。有效的练习任务必须精确地在受训者的"学习区"内进行，具有高度的针对性。什么意思呢？就是说，你一定要根据你自己的具体情况进行修炼。职场有很多技能可以使你变成专家，但是你必须确定一种你可以学习得到的。很多本事是需要天赋的，有些东西你羡慕不得。你所应当做的就是选择自己能够吃得透的，然后学到精。

其次，尽可能保证这种专业优势别人知之甚少。有一条很著名的原则叫"爱斯基摩人原则"。这条原则是说：你只要选择一个比较狭窄的课题反复钻研下去，就会成为这方面的行家里手。这就好比说，你在某杂志上看到一篇有关爱斯基摩人的文章，仔细读过之后，对爱斯基摩人的了解就比其他人要多些。如果再到图书馆把有关爱斯基摩人的书籍都借来看，你就知道得更多。如果你去南极到爱斯基摩人住的地方继续研究，你就比任何一个人都知道得多。只要你在某个狭窄的领域内比别人知道得多，那么你就是这个领域的权威。进一步引申，如果在这个狭窄的领域，你做得比别人更好，那么，你将是这个领域的最大获利者。

最后，要最大可能地积累与专业优势相关领域内的经验。企业在培养核心人才时，把他安排到一个要职上的同时，会为他提供高强度的培训，安排他到与原业务相关联的岗位上积累宽范围的经验。通过外部环境、工作地点、核心课题等的变化，积累下来的经验和知识的性质往往不同寻常。这种以过去的经验为基础，扩展业务领域，发展起来的集广度和深度为一体的专业性，能保证个人在常规情况、特殊情况、不可预测的突发情况下敏捷地找到解决办法。具备熟练的业务能力，并能解决突发情况，这样的人就具备担当要务的实力，正是企业苛求的核心人才。

HR智谏：

　　从企业创造价值的来源来讲，具有不可替代性的核心员工只有一种——具有专业优势的核心员工。这类核心员工主要是拥有企业某一方面或领域的专业技能的人才，其工作效果关系着企业的正常运转。一旦他们离职，企业可能无法立刻找到可替代的人选，那么这一关键岗位在一定时期内会空缺出来，影响企业的整体运作，甚至可能对企业造成严重的损害。一个人要想成为职场的"东方不败"，就必须具备这种优势。

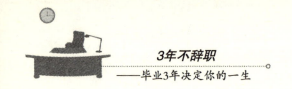

六、经营人脉增加职业机会

作为新人，总是羡慕那些工作了好多年的"牛人"：他们上班跟玩儿似的，不见他们干活，总能拿出骄人的工作成绩，享受着公司为他们开的高薪。其实，他们之所以"无为"而领高薪，在于他们拥有无敌的人脉资源。你总是看到他们有事没事儿与人打电话，或者在网上搜索信息，那就是在经营人脉。

很多职场新人虽然深知人脉的重要性，但是却普遍不重视人脉的经营。对人脉的重视程度，有时候将决定你的职场命运。

同期进入公司的 Y1 和 Y2，在业务能力上，Y2 比不上 Y1，但他和同部门上司、同事之间的关系则要比 Y1 好很多。Y2 很重视自己在公司里的人脉关系，他每次不管见到上司还是同事，都会热情地打招呼。他还经常和同事们一起参加聚会，而且消息灵通，同事们家里的红白喜事他都知道，每当这时，他会送上一些鲜花、巧克力之类的小礼物，礼虽然轻，但让同事们觉得心中一喜。而 Y1 则对公司内部的各种活动表现得有点儿漠不关心，他不希望这些事情影响了他为了"自我提升"而排得满满的日程。比如，他每天清晨 6 点要去参加英语角，下班后则直奔健身房，进行1 个小时的身体锻炼，晚饭后还要去培训班上课。所以，公司的大小活动中，都很难看到 Y1 的身影，最多只会接到他的问候电话。

在他们进入公司后的第三年，发生一件 Y1 预料之外的事情：一向被认为在业务能力和综合实力上都比自己低一等的 Y2，竟然被提升为部门主管。

在很多企业里都会出现这样的现象：获得提拔的，不一定是用数字、图表来证明的"业绩"最强的人，而是同事和领导心里觉得"这个人很能干"的人。这就是经营人脉的效果所在：把自己的价值传播出去，在圈子里，形成一种有利于自己的"口碑"。

在公司，顶头上司对你的晋升起着至关重要的作用，如果能与他建立良好的关系，你的晋升就容易得多，否则，即使你有一身的本领，也毫无用武之地。因此，如果你有晋升的愿望，千万要和顶头上司搞好关系。要跟上司相处得好，主要注意把上司既当上司，又当朋友。当他是上司，就是要维护他的威信，对他的命令坚决执行，时时刻刻地尊重他；当他是朋友，不是跟他称兄道弟，那是大忌，而是在他遇到困难的时候，不动声色地伸出援手，你帮他，他自然会心存感激。

处理好与客户的关系也有助于你晋升。处理好与客户的关系使自己的业务成绩更好，这只是好处的一个方面。客户也有自己的人际关系，你与客户的关系相处得很好，客户自然会将你推荐给其他的朋友，这样你得到的就不止是一个客户的信任这么简单。

如果可能，多接近公司人力资源部门的人，他们是晋升工作的执行者。他们不能直接决定你的晋升，但是他们具备第一手信息，从他们那里你可以预先得到空位信息、候选人信息等，你也可以得知你在领导心目中的印象。

还有一种人，他可能和你没有工作交叉点，但是他是大人物身边的红人，与这种同事交往，对你的跳高大计也很有帮助。仔细留意和侧面打听，确定谁是领导心腹之后，先要以平常心对待他们，观察对方的一言一行，多方打听他们的兴趣爱好和经历等。等你了解清楚了，就可以开始行动了，向他们表示友好。你可以表示自己也有同样的兴趣，来拉近彼此的距离。当他们有难事需要帮忙的时候，一定要全心全意地帮他们。他们在老板面前的美言，会让你在这个单位晋升容易得多。不过与这种心腹人物交往也有风险。无论怎样，一定不要得罪老板身边的心腹，要争取能和他

们友好相处，得到他们的认同；不能的话，也不要和他们发生正面的冲突，一时的忍让可以让你换来长久的好。

作为新人，在经营人脉的时候，注意不要犯冒进和急功近利的错误。新人到了公司，要慢慢地跟本部门的同事以及其他部门的同事建立起良好的关系，千万不要为了搞好关系，而让大家觉得你太热衷于钻营。如果挖空心思要去和某个大人物、大老板"讲交情"，不仅自己心累，而且方式稍有不当的话，只会适得其反。

其实，做人脉的原则是"顺其自然"，根据自己的职业路径，广泛传播自己的能力和价值，在这个过程中自然而然地找到适合自己的交际圈。人脉的经营与维护讲究的是互惠互利。当你尚处于专业实力稚嫩，还不具备给别人以帮助的能力的时候，刻意地追求"人情投资"，会适得其反。而且，专业实力，往往也是一个人进入相应圈子的"身份证"。虽然没有人来考证你的准入资格，但是你得具备一定的能力和价值，这样圈子才会接纳你、认同你。

此外，不要犯眉毛胡子一把抓的错误。经营人脉要服务于你的职业规划方向，与自己的职业方向比较一致的，或比较接近的就应该着重去发展，其他方面我们可以去做一些接触，但要分轻重缓急。有人引荐你到某一个圈子里去的时候，你要考量这个圈子是否适合你，之后再决定要怎么经营。可能这是个诱惑，对你今后的目标也没有多少好处，只会浪费自己的时间、精力和金钱，这个时候要懂得拒绝。

HR智谏：

良好的人脉，不仅可以帮助你在职场快速成长，更能帮助你快速升职。做人脉，其实就是把自己的价值传播出去，在相关的职业圈子里，形成一种有利于自己的"口碑"，通过口口相传，使自己的价值为越来越多的人所知。

七、工作的本质是带薪学习

福特公司的首席 CTO 路易斯·罗斯有一个著名的观点："在你的职业生涯中，知识就像牛奶一样会有保质期的，如果你不能不间断地更新知识，那你在职场中也会快速衰落。我们身处在一个正在转变的社会，企业向学习型企业转变，组织向学习性组织转变，整个社会也在向一个新的学习型社会转变。在这样的时代背景下，如果惰于学习，无疑等于故步自封，为自己的职业生涯埋下隐患。"

很多年轻人认为，上班了，就不需要学习了。其实，工作是新的学习的开始。你从学校里学习的知识理论，往往稍稍落后于这个社会，因为中国大多学院派的教师很少走出校园做调研，他们做得更多的是传授给你来自西方的一些理论知识。当你工作后如果不加强知识和技能的学习和实践，那些知识会在未来的某一个时间一文不值。

要想保住自己的职位，并谋取进一步的晋升，你必须增加学识。实践证明，只有经常给自己充电的员工，才能满足越来越高的工作要求。

相同专业的 Z1 和 Z2 毕业后进入了同一家公司。工作了一段时间后，Z1 觉得自己在学校里学的理论性太强，实际工作中运用很少，于是他在工作之余，常常阅读一些与工作相关的书籍。在充电的同时，还总是积极主动地帮助公司的老员工做事，藉此向他们请教一些工作中遇到的问题。老员工非常喜欢 Z1 认真好学的劲儿，当然也就不吝啬地将自己多年工作中积累的经验传授给 Z1。Z2 就不同了，他每天都准点上下班，下班后从来

都是一屁股坐在沙发上看电视，不愿多读一点书，按照他的说法就是"我上学读了太多书了，是时候解放自己了"。一年过去了，Z1 被提升为公司技术部门的主管。Z2 不服气，找到自己的上司理论，这时候上司将 Z1 的优势一一列举出来。Z2 发现，Z1 背着自己学到的东西还真是不少，自叹弗如。

这就是不愿意学习造成的差距。一个人的学习能力也是生存能力的一种表现，在职场上，他人在不断地学习，而你止步不前，到最后，你必落后于人。而落后就意味着被淘汰，同时也意味着你的生存能力在一步步降低。时间的威力是巨大的，也许几个月看不出来，但是能在工作后学习，并坚持下来的人，要比那些毫无目标的人过得充实得多，进步也快。

在做事中学习

没有企业愿意一边付你薪水一边让你来学习。你必须学会在为企业做事的过程学习。通过做事学习知识，对职场人士来说是一个学习知识与技能的主要途径。毕竟，作为一名员工，你的工作其实就是做事。但同时，你所做的每一件事，也是你学习的机会。在每一件事情被解决的过程中，你所学得的知识与技能必然有所增加。面对工作难题的时候，有意识地从中学习知识与技能，可以增长你的经验和智慧。

向身边的每个人学习

在工作上，向周围的人学习，无疑是进步的捷径。你进入一家公司时，有些同事进入这家公司或者这个行业相当久的时间，他们已经总结出很多的经验和教训，当然还有知识和技能。只要虚心求教，就可以避开一些误区。很多时候，你想破头都想不出的解决方法，其实在别人眼里是早已发生过的事情，只需要一句话就能将难题搞定。作为新人，要抓住与老员工交流的机会，从他们那里获取有益的"营养"。遇到问题，首先要自己考虑一下是否能用简单的方式解决，如果不能找到答案，再请教身边的同事。切忌遇到问题，想都还没想，就开口问人。

最好的老师是你的老板。每一个老板，必然有值得你学习的地方。他之所以能成为老板，一定有许多你不具备的特质。注意留心老板的一言一行，一举一动，观察他们处理事情的方法，你就会发现，他们有着与普通人的不同之处。向老板学习，可以拔高自己的层次。向老板学习他的眼光、决策力、全局意识、人际能力。

从客户身上你也可以学习很多东西。把客户当成财富，不仅要把他当成你生意和工作上的财富，还要把他当成能助你自我提升的财富。让客户的知识经验成为你自己企业知识的一部分，他们可能是定义你专业发展的关键。藉由观察客户不同的需求，或是观察他们使用你的产品或服务的不同方式，都可能为你发展新产品或行销策略提供灵感。

同学也是你学习的好对象。因为你们专业相同，一同毕业，而且很可能从事相似的行业，共同语言会更多一些。珍惜大学同学之间的情义，这是你一生的财富。多和同学聚聚，在闲谈中也会学习到很多东西。如果不方便见面聚会，那么 MSN、QQ、校友录，这些网络手段也可以利用起来。

有针对性地读书

每一个事业有成的人都有着良好的阅读习惯。世界 500 强大企业的 CEO 至少每个星期要翻阅大概 30 份杂志或图书资讯，一个月可以翻阅 100 多本杂志，一年要翻阅 1 000 本以上。

选择那些有助于实现自己职业理想，达到自己职业目标的书来读。如果你想学一些更新的知识和技能，你可以选择杂志；你想要学习某一个行业专业性非常强某一门技术，你可以选择书籍；若是你想要学习一些刚刚入门的知识，杂志和专业的网站论坛也可以帮助你进行学习。

参加增值培训

公司提供的培训最具有针对性，对于你的业务能力增长最见效。但是，你学到了，你的同事也学到了，为了脱颖而出，不妨偷偷寻找专业的培训机构。在这个越来越重视在职培训的时代，这样的培训机构俯拾皆是，当然也因为相同的原因，培训的质量参差不齐。在选择时最好是选择品牌强、师资力量强的培训机构。

HR智谏：

新员工的学习能力与其已具有的能力相比，企业更重视前者。知识的保质期越来越短，不想被社会淘汰，就需要更加坚定不移地学习新的知识和技能以适应社会的发展。

八、进退有据，谈出"加薪"

据有关统计，超过一半的人跳槽是为了追求高薪。换一家公司能让薪资上个台阶固然好，但是，却面临着适应新环境等一系列的风险。因此，如果你觉得你现在的报酬与付出不对称，不如先在现有公司争取加薪，而不是直奔另外一个橄榄枝而去。

在很多人的观念里，向老板要求加薪无疑是老虎嘴上拔毛，对方毕竟是领导，一旦谈判破裂，等不来钞票也就罢了，就怕一双"小鞋"从此穿在脚上。因此，谈薪水变成工作里最难开口的一件事。很多人在畏难情绪下，干脆就放弃了"加薪"的尝试，有的干脆直接辞职。殊不知，这中间存在着误解。有一个趣的调查：875 位接受调查的人力资源主管中，60%表示会在面谈时对薪水保留一些弹性，只有 30%说绝对不能调整，其余10%要视对方的态度而定。另外一个调查则发现，高达 80%的人力资源主管是愿意跟面试对象好好沟通薪水的，他们甚至并不排斥要进行一点"谈判"。

在"加薪"谈判中，我们如何最大化地掌握"取胜"砝码呢？

调查分析发现，89%的职业人在加薪问题上仅仅分析了自己，兵书有云："知己知彼，百战不殆。"对于加薪问题，老板与直属上司的意志占主导地位，因此适当地采用逆向思维的方式，首先掌握老板的态度，就显得非常重要。

（1）老板对你的希望和要求是什么，这说明了你对公司而言的价

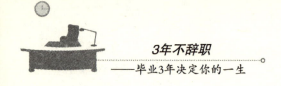

值性。

（2）老板对你的工作是否满意，有哪些还需要提高和改进，这决定了你的加薪空间。

（3）老板对公司新一年的工作部署是什么，这暗示着你未来将要承担的职责，是提升还是降低，它决定了你的谈判资本。

（4）老板欣赏的人是谁，你与他的差距体现在哪，这样才能比较出加薪的目标。

了解这些信息后，就可以知道你跟老板心中天平的差距，加薪是否有戏。

在周全的考虑之后，你决定要向老板提，这时你需要合适的技巧。技巧使用得当与否和最后结果是有着很直接的关系的，我们一定要知道"谈判"过程中不可触及的几大禁忌。

1. 切忌缺少自信和底气

很多老板都认为，能主动提出加薪要求者，心态一定积极；觉得自己付出很多，工作态度也势必积极。因此，我们把谈加薪当做是和上级的一次有效的能为自己带来利益的沟通，不要畏首畏尾，有过多顾虑。

2. 切忌缺少准备，用词模糊

老板着眼的关键是，你对公司真的做得够多吗？你能用数据来证明你所谓的"付出"吗？所以，充分的准备是加薪成功的必然条件。在提加薪时，你详细地列出自己对公司的贡献，将能有力地打动老板的心。

3. 不要和别的同事比较

永远都不要说同事做得不如自己好，甚至干脆说同事做得不好。以这条理由提出加薪，一方面表明你怀疑公司的薪资制度，另一方面表明你怀疑老板的英明决策。

4. 切忌不涉及加薪的具体数据

当老板对你说可以，但却含糊其辞加薪的具体数字的时候，不要就此打住，要根据自己了解的情况讲出自己希望获得的加薪幅度。也不要在没有看清数额是否合理时就被动接受开出的薪水。

5. 最好找直接主管解决问题

顶头上司应该是对你的工作绩效、工作能力最有发言权的人之一了。直接找他谈不仅能更好地表达你的意图，也可以避免一些不必要的麻烦。要知道，每个领导对属下越级报告都是很有看法的。而且如果你越级上报，对方也不一定对你有什么了解，效果反而会打折扣。

6. 不要选择不恰当的时机

提出加薪的时机很重要，有时一个小细节就决定了加薪的成败。如果你的公司正要雇佣更多的员工，或者你刚刚获得了某项学位或专业资格认证，或者你刚刚争取到了一个大客户或完成一项买卖，这都是要求加薪的好时机。而在老板疲于应付财政问题或正因其他事情而承受压力时，或者你的业绩恰巧下滑时提出加薪，势必会遭到拒绝。

7. 加薪如被拒绝，不要闹情绪

如果你还决定在这家公司工作，如果你还没有得到更好的跳槽机会，那么当老板拒绝你的加薪要求时，不要表现出不合作的情绪或采用威胁手段。

俗话说，"会吵的人有糖吃"，在谈薪水这件事，不能说是100%对，但对你的薪水请求，至少你的主管会多纳进一个考虑的因素。因此，掌握

了加薪谈判的技巧，当你对现有工资不满意时，不妨首先大胆提出加薪。

HR智谏:

当企业与员工的关系逐渐脱离传统上对下雇佣，逐步走向平等互惠的关系时，其实你对薪水可以发挥更大的影响力，企业也未必全然不能接受。重点是你有一个好的理由并且掌握了好的谈判技巧。